Juan Ruiz de Alarcón

Ganar amigos

Barcelona 2024
Linkgua-ediciones.com

Créditos

Título original: Ganar amigos.

© 2024, Red ediciones S.L.

e-mail: info@linkgua.com

Diseño de cubierta: Michel Mallard.

ISBN tapa dura: 978-84-9953-670-5.
ISBN rústica: 978-84-9816-297-4.
ISBN ebook: 978-84-9897-923-7.

Sumario

Brevísima presentación

La vida

Juan Ruiz de Alarcón y Mendoza (1581-1639). México. Nació en México y vivió gran parte de su vida en España. Era hijo de Pedro Ruiz de Alarcón y Leonor de Mendoza, ambos con antepasados de la nobleza. Estudió abogacía en la Real y Pontificia Universidad de la Ciudad de México y a comienzos del siglo XVII viajó a España donde obtuvo el título de bachiller de cánones en la Universidad de Salamanca. Ejerció como abogado en Sevilla (1606) y regresó a México a terminar sus estudios de leyes en 1608.

En 1614 volvió otra vez a España y trabajó como relator del Consejo de Indias. Era deforme (jorobado de pecho y espalda) por lo que fue objeto de numerosas burlas de escritores contemporáneos como Francisco de Quevedo, que lo llamaba «corcovilla», Félix Lope de Vega y Pedro Calderón de la Barca.

Personajes

Corchetes
Don Diego, galán
Don Fernando de Godoy, galán
Don Pedro de Luna, galán
Doña Ana, dama
Doña Flor, dama
El Marqués don Fadrique, galán
El rey don Pedro, el justiciero
Encinas, gracioso
Inés, criada
Ricardo, criado
Soldados
Un Corchete
Un Escudero, viejo
Un Juez
Un Pregonero
Un Secretario
Unos guardas

Jornada primera

(Salen Doña Flor e Inés, con mantos.)

Flor   ¿Qué dices?

Inés   Digo, señora,
que es él.

Flor   ¡Desdichada soy!
¿Don Fernando de Godoy,
cielos, en Sevilla agora?
La Fortuna me persigue.
Cúbrete.

Inés   Ya es excusado,
porque muestra su cuidado
que conoce lo que sigue.

Flor   Cuando el Marqués prometía,
abrasado de amoroso,
pasar mi estado dichoso
de merced a señoría,
     ¿viene a ser impedimento
de tanto bien don Fernando?

Inés   Pues, ¿por qué lo ha de ser?

Flor   Dando,
pues ha de seguir su intento,
  ocasiones de celar
al Marqués; y es cierta cosa
que a su pasión cuidadosa
nada al fin se ha de ocultar;

que aunque don Fernando, es llano
que amante secreto ha sido,
el disgusto sucedido
en Córdoba con mi hermano
fue público en el lugar;
y lo que entonces pasó,
para sospechar bastó,
si no para condenar;
y esto será impedimento
a la mano que procuro;
que es el honor cristal puro,
que se enturbia del aliento.

Inés   Pues desengáñalo luego,
y pide que no te quiera
a don Fernando.

Flor   Eso fuera
poner a la mina fuego,
y hacerle esparcir al viento
secretos de amor desnudos;
que ni son los celos mudos
ni es sufrido el sentimiento.

Inés   Él llega.

Flor   ¡Suerte inhumana!
¿Cómo me podré librar?

Inés   En esta tienda ha de estar
aguardándote doña Ana.

(Sale doña Ana, con manto.)

Ana	Gracias a Dios que te veo. Ya tu tardanza acusaba.
Flor	No imagines que me daba menos priesa mi deseo, pues que mi hermano, sabiendo que a verte, amiga, venía...
Ana	¡Oh, qué cansada porfía!

(Salen don Fernando y Encinas.)

Fernando	Hablarla agora pretendo.
Encinas	Llega, pues.

(Aparte a Inés.)

Flor	Inés, procura, mientras hablo, entretener a doña Ana.
Fernando	Si el poder igualase a la hermosura, yo fuera, damas hermosas, esta ocasión por igual venturoso y liberal.
Encinas	Ellas fueran las dichosas.
Fernando	Mas puesto que no hay hacienda que iguale a tanta beldad, si lo merezco, tomad lo que os sirváis de la tienda.

Encinas	¿Qué es esto? Nunca te vi ser galán tan de provecho. Señoras, milagro han hecho vuestras deidades aquí; pero según tus estrellas que nunca des han dispuesto, hoy, que tú quieres, apuesto que no lo reciben ellas.
Inés	Doña Ana hermosa, ¿no tiene gracia el bufón?
Encinas	No me llamo sino Encinas.

Ana (Aparte.)	(La del amo
	con más razón me entretiene.
	  Sabré al descuido quién es.)
	Agradado me has de suerte,
	que estimara conocerte,
	porque algunos ratos des
	  alivio a tristezas mías.

Encinas	Harélo yo, si te doy gusto en eso.
Ana	Si; que soy sujeta a melancolías.
Encinas (Aparte.)	Oye, pues. (Buena ocasión doy a mi señor con esto.)

(Hablan aparte doña Ana y Encinas.)

Inés (Aparte.)   (Lindamente se ha dispuesto.)

(Aparte a doña Flor.)

Fernando   Dueño de mi corazón...

Flor   Tu afición, Fernando mío,
                    proceda más recatada;
                    porque ni de esa criada
                    ni de esa amiga me fío.

Fernando   Ya con esa prevención
                    a hablarte llegué, mostrando
                    no conocerte.

Flor   Fernando,
                    los nobles amantes son
                        centinelas del honor
                    de sus damas.

Fernando   Pues, ¿por qué,
                    si has conocido mi fe,
                    me previenes eso, Flor?

Flor   Tú, Fernando, eres testigo
                    de lo que nos sucedió
                    cuando en Córdoba te halló
                    mi hermano hablando conmigo.
                        Entonces, para aplacar
                    los bandos y desafíos
                    entre tus deudos y míos,
                    prometiste no llegar
                        a esta ciudad en dos años,

13

donde en aquella ocasión
a empezar su pretensión
y acabar aquellos daños
   mi hermano partió conmigo,
por estar su majestad
de espacio en esta ciudad.

Fernando   Y tú, Flor, eres testigo
   que mi palabra a despecho
de mi paciencia he cumplido.

Flor   Pues ya que tan noble has sido,
no deshagas lo que has hecho.

Fernando   ¿Cómo?

Flor   Ocasionando agora
nuevos disgustos, y así,
solo una cosa por mí
has de hacer, mi bien.

Fernando   Señora,
   no mandes que del amor
que idolatra tu hermosura
desista, y pide segura
el imposible mayor.

Flor   Tú verás en lo que pido
que encamino tu esperanza.

Fernando   Siendo así, de tu tardanza
está mi amor ofendido.

Flor   Ya con el rey sus intentos

tiene en buen punto mi hermano,
y de los suyos es llano
que han de pender mis aumentos.
   Da fuerza a su pretensión
y a su razón calidad,
de mi honor y honestidad
la divulgada opinión;
   y porque temo, y no en vano,
que han de causar tus pasiones,
al lugar murmuraciones,
e inquietudes a mi hermano,
   quiero que, como quien eres,
me prometas que jamás,
Fernando, a nadie dirás
que te quiero ni me quieres;
   que vivirán en tu pecho
secretas nuestras historias,
solicitando tus glorias,
o celoso o satisfecho,
   tan cauto y tan recatado,
que en el mayor sentimiento
solo con tu pensamiento
comuniques tu cuidado.
   Esto le importa a mi honor
y a tu amor.

Fernando   Yo te prometo,
como quien soy, el secreto,
mi gloria, de nuestro amor.
   ¿Estás contenta?

Flor   Si estoy.

Fernando   ¿Confías que cumpliré

mi palabra?

Flor	Sí; que sé que eres sangre de Godoy.
Fernando	Di, pues, agora qué estado tiene contigo mi amor.
Flor	Déjalo a tiempo mejor; que estoy aquí con cuidado.
Fernando	Di, ¿cómo el vernos dispones entre esas dificultades?
Flor	A conformes voluntades nunca faltan ocasiones. Búscalas; que yo prometo hacerlo también.
Fernando	A ti toca el trazarlas, y a mí el gozarlas con secreto.
Flor	Fernando, adiós.
Fernando	Flor, advierte en la firme fe que tengo tras tanta ausencia, y que vengo a Sevilla solo a verte.
Flor (Aparte.)	Yo soy la misma que fui. (¡Nunca pluguiera a los cielos vinieras a darle celos al Marqués, y pena a mí!)

16

Fernando

(¿Quién dice que las mujeres
no son firmes? Peñas son.)

(A Encinas.)

Ana

Doña Ana soy de León.
Si por ventura tuvieres,
 que eres forastero al fin,
alguna necesidad,
conocerás mi verdad.

Encinas

Pon en mi boca el chapín.

Inés

¿Cómo habéis quedado?

Flor

                              Inés,
el medio que pude dar
he dado, para evitar
sentimientos al Marqués.

(Vanse las tres.)

Encinas

¿Qué tenemos?

Fernando

                    Nada.

Encinas

                              ¿Nada?

Fernando

Ya no me trates jamás
de doña Flor.

Encinas

                    ¡Bueno estás!
¡Bien logramos la jornada!

Fernando	Al punto que entienda yo
	que nadie de ti ha sabido
	que algún tiempo la he servido,
	ni la historia que pasó
	en Córdoba, pagarás
(Aparte.)	con la vida. (Así el preceto
	ejecuto del secreto.)
Encinas	Que lo diga Barrabás,
	supuesto que soy testigo
	de la furia de tu acero,
	y que sabes dar, primero
	que la amenaza, el castigo.

(Vanse. Salen el Marqués y Ricardo, de noche.)

Ricardo	Sin seso estás.
Marqués	¿No es razón
	estar de contento loco,
	cuando con mis manos toco
	tan dichosa posesión?
	Esta noche —ioh, santo cielo,
	permitid que llegue a vella!—
	gozo de la flor más bella
	que dio primavera al suelo.
	Esta noche mis empleos
	logran su larga esperanza,
	y firme amor alcanza
	el fin de tantos deseos,
	En esta vida, ¿qué bien
	puede igualar a la gloria
	de conseguir la vitoria

de un dilatado desdén?

Ricardo   ¡Oh, quién te viera, señor,
               libre de estas mocedades!

Marqués   ¿Agora me persuades?

Ricardo   Juzgo que fuera mejor,
                  cuando te ves tan privado
               del rey don Pedro, gozar
               de su favor, y asentar
               el paso, tomando estado.

Marqués   No; mientras viva mi hermano,
               Ricardo, a quien justamente,
               por honrado, por valiente,
               por discreto y cortesano,
                  como tierno padre quiero,
               no quiera Dios que, casado,
               a mi casa ni a mi estado
               solicite otro heredero.
                  Yo tengo por Flor la vida,
               por Flor desprecio la muerte;
               mas si el Amor de otra suerte
               con sus glorias me convida
                  sin que me case, no es justo
               quitar la herencia a mi hermano;
               que no siempre con la mano
               se debe comprar el gusto.

(Sale don Fernando, alborotado, con la espada desnuda.)

Fernando   Si sois nobles por ventura,
               mostrad los pechos hidalgos

en dar favor a quien tiene
todo el mundo por contrario.
Dadme esa capa por ésta,
cuyo color es el blanco
que siguen mis enemigos.
Daréis vida a un desdichado.

Marqués   No es menester donde estoy.
Caballero, sosegaos.

Fernando   ¿Es el Marqués don Fadrique?

Marqués   El mismo soy.

Fernando   Vuestro amparo
es puerto de mi esperanza.

Marqués   Contadme el caso. Fiaros
podéis de mí.

Fernando   Un hombre he muerto,
y el lugar alborotado
cierra las puertas furioso,
y airado sigue mis pasos.

Marqués   ¿Fue bueno a bueno la muerte?

Fernando   Los dos solos desnudamos
cuerpo a cuerpo las espadas,
y el otro fue el desdichado.

Marqués   Siendo así, yo os libraré.

Fernando   ¡Prospere Dios vuestros años!

(Salen un Juez, con linterna, y corchetes.)

Corchete I   Allí hay gente.

Fernando   La justicia
                    es aquélla.

Marqués   Reportaos;
                    seguro estáis.

Juez   Esos hombres
                    conoced.

Corchete I   ¡Ténganse, hidalgos,
                    a la justicia! ¿Quién es?

Ricardo   Excusad el lanternazo;
                    que es el Marqués don Fadrique.

Juez   ¿Vais, señor, también buscando
                    acaso al fiero homicida de
                    vuestro infeliz hermano?

Marqués   ¿Qué decís? ¿Mi hermano es muerto?

Juez   Perdonadme si os he dado
                    con tal nueva tal pesar.

Fernando (Aparte.)   (¿Qué es esto, cielos? ¿Hermano
                    era del Marqués el muerto?
                    ¿Favor pedí al agraviado?)

Marqués   ¿Cómo sucedió?

Juez	Señor, dos testigos, que se hallaron presentes, dicen que un hombre de color estaba hablando a la ventana de Flor.
Marqués (Aparte.)	(¿Esto más, crueles hados?)
Juez	Pasó en aquella ocasión el sin ventura don Sancho; y sobre quitarle el puesto y defenderlo el contrario, desnudaron las espadas, y cuerpo a cuerpo gran rato riñeron, hasta que el cielo dio permiso al triste caso. Huyó luego el homicida; mas fiad de mi cuidado que le tengo de prender si no se escapa volando.
Fernando (Aparte.)	(¡Aquí es mi muerte!)
Marqués	Seguidle, y no dejéis, hasta hallarlo, piedra alguna por mover.
(Aparte al Juez.)	
Corchete I	Señor; si yo no me engaño, las señas del delincuente tiene aquél que recatado detrás del Marqués se esconde.

Juez	¡Calla, necio! ¿Del hermano del muerto había de ampararse?
Corchete I	Indicios dan su recato y el color de su vestido. ¿Qué se pierde en preguntarlo?
Juez	Bien mereceré perdón, si por vencer vuestro agravio ofendo vuestro decoro. Señor Marqués, ese hidalgo que el cuerpo y el rostro esconde con sospechoso cuidado, ¿puede saberse quién es?
Fernando (Aparte.)	(¡Perdido soy!)
Marqués	¿No está claro que no será quien me ofende, pues que conmigo le traigo?
Fernando (Aparte.)	(¡Qué nunca visto valor!)
Juez	Las señales me engañaron. Disculpad mi inadvertencia; y porque pide este caso diligencia, perdonad si no os quedo acompañando.

(Vase el Juez y con él los corchetes.)

Fernando (Aparte.)	(¡Cielo santo! ¿Si querrá vengar él mismo a su hermano,

y por eso me libró
de la justicia?)

Ricardo (Aparte.)   (¡Qué extraño
suceso! ¿Qué hará el Marqués
en lance tan apretado?)

Marqués (Aparte.)   (¡Que mi hermano es muerto, y Flor
fue la ocasión de mi agravio,
y que éste fue el homicida!)
Déjanos solos, Ricardo.

Ricardo (Aparte.)   (Habérselas quiere a solas;
temiendo voy un gran daño.)

(Vase Ricardo.)

Marqués (Aparte.)   (¡Oh, adversa fortuna mía,
ved los tormentos que paso!
Noche en que esperé alcanzar
de amor los bienes más altos,
de sentimiento me ahogo,
cuando de celos me abraso.
Disimulando tenerlos,
me conviene averiguarlos.)

Fernando (Aparte.)   (La espada y el corazón
apercibo a todo.)

Marqués   ¡Hidalgo...!

Fernando   ¡Señor Marqués!

Marqués (Aparte.)   (Pierdo el seso.)

¿Solos estamos?

Fernando	Sí estamos.

Marqués   Un hermano me habéis muerto.

Fernando   Un hombre he muerto, ignorando
quién era, y agora supe
que era, Marqués, vuestro hermano.

Marqués   No os disculpéis.

Fernando   No penséis
que el temor busca reparos,
que inventa el respeto excusas,
o la obligación descargos;
porque es verdad os la he dicho,
de que a vos testigo os hago,
pues después de conoceros,
a vos mismo os pedí amparo,
para que sepáis así
a lo que estáis obligado.

Marqués   Si imagináis que os he dicho:
«No os disculpéis», de indignado
y resuelto a la venganza
no doy lugar al descargo,
engañáisos; advertid
que en eso me hacéis agravio,
pues mostráis que habéis creído
que por el dolor me aparto
de cumpliros la palabra
que os he dado de libraros.
Yo os la di, y he de cumplirla.

Fernando	La tierra que estáis pisando será el altar de mi boca.
Marqués	Caballero, levantaos. No me deis gracias por esto, supuesto que no lo hago yo por vos sino por mí, que la palabra os he dado. Cuando os la di, os obligué. Cumplirla no es obligaros; que es pagar mi obligación, y nadie obliga pagando. De esto procedió el deciros: «No os disculpéis», por mostraros que sin que excuséis la ofensa ni disculpéis el agravio, basta para que yo cumpla mi palabra, haberla dado.
Fernando	Ejemplo sois de valor y de prudencia; y no en vano ocupáis en la privanza del rey el lugar más alto.
Marqués	Dejad lisonjas, y agora, supuesto que he de libraros, me decid quién sois y cuál fue la ocasión de este caso. ¿Qué empeño tenéis con Flor, para haberos obligado a defender el lugar de su ventana a mi hermano?

Fernando	No, señor: no me está bien,
	cuando así os tengo indignado,
	decir quién soy. La ocasión
	ya la oístes; declararos
	de ella más es imposible...
(Aparte.)	(Que a Flor la palabra guardo
	que del secreto le di;
	y aunque de celos me abraso,
	no a romper obligaciones
	dan licencia los agravios.)
Marqués	Pues, ¿no es justo?
Fernando	Yo os suplico,
	pues sois noble, que evitando
	más dilaciones, cumpláis
	la palabra que habéis dado.
	Prometido habéis librarme,
	y a vos mismo os he escuchado
	que el haberlo prometido
	basta para ejecutarlo.
	Advertid que no lo hacéis
	en pidiendo nada en cambio;
	que ponerme condiciones
	es modo de quebrantarlo.
Marqués	Es verdad; mas no os las pongo;
	que pidiendo, no obligando,
	pregunté, porque me importa
	saberlo, si a vos callarlo.
	Y en prueba de esto, seguidme;
	que aunque, en mi valor fiado,
	me lo queráis decir, antes
	que lo escuche he de libraros.

Fernando   Ya os sigo.

Marqués (Aparte.)   (¡Ah, Dios! ¿Que en un noble,
cuando de celoso rabio
y de lastimado muero,
la palabra pueda tanto?)

(Vanse. Salen don Diego, doña Flor e Inés, con luz.)

Diego   ¡Flor!

Flor   ¿Hermano?

Diego   ¡Inés!

Inés   ¡Señor!

Diego (Aparte.)   (El cielo me dé prudencia.
Cuando anegan la paciencia
tempestades del honor,
   ni discurre el pensamiento,
ni sé por dónde comience
la averiguación; que vence
al discurso el sentimiento.)

Flor (Aparte.)   (¡Confusa estoy!)

Diego   Entra, Inés,
en esa cuadra.

Inés   ¡Señor!

Diego   ¡Entra y calla!

Inés (Aparte.)   (De temor
                         muevo sin alma los pies.)

(Vase Inés.)

Diego   Yo pensé, Flor, que los daños
                         que otra vez tu liviandad
                         ocasionó en la ciudad
                         de Córdoba, habrá dos años,
                            de freno hubieran servido
                         para no causar aquí
                         la desdicha que por ti,
                         enemiga, ha sucedido.
                            Esta noche al más experto
                         de Europa, al mejor soldado,
                         caro hermano del privado
                         del rey, por tu causa han muerto.
                            Mira tú qué fin espero
                         del daño que ha sucedido,
                         si es tan fuerte el ofendido,
                         y es el rey tan justiciero.
                            No llores, Flor; que no es eso
                         lo que agora ha de aplacarme;
                         lo que importa es declararme
                         la verdad de este suceso,
                            porque sepa yo qué medio
                         tendré para dar, seguro,
                         prevención a lo futuro,
                         y a lo pasado remedio.
                            Solos estamos. Advierte,
                         si a tan justa confesión
                         no te mueve la razón,
                         que te ha de obligar la muerte,

No te refrene el temor,
y piensa que en caso igual
oye el médico tu mal,
y tu culpa el confesor.
    Mira, si negar intentas,
que a informarme obligarás
de los criados, y harás
públicas nuestras afrentas;
    y, así es mejor informarme
secretamente de ti,
y que se resuelva aquí
lo que importe, que obligarme
    a una gran demostración,
si me doy por entendido
de que tu locura ha sido
de este daño la ocasión.

Flor   Hermano, a quien justamente
pueden dar nombre de padre
los honrosos sentimientos
que acompañan tus piedades,
sabe que aunque la vergüenza
me enfrene, es preciso lance,
cuando amenazan los daños,
manifestar las verdades,
sabe que desde aquel día,
dos años ha, que llegaste
a esta excepción de los tiempos,
envidia de las ciudades...
¡Pluguiera a Dios que primero
que mirase y admirase
de sus altos edificios
los soberbios homenajes;
plugiera a Dios que primero

que en la región de las aves
contemplase de Fortuna
en la Giralda una imagen,
pues cual diosa habita el cielo,
y solo el viento mudable
es la razón imperiosa
de su movimiento fácil,
pluguiera a Dios que primero
que patentes sus umbrales
diesen permiso a mis pasos,
y a su ruina hospedaje
sus altos muros, sirviendo
a su paraíso de ángel,
túmulo funesto diesen
a mis obsequias fatales!
Pues desde aquel mismo día
empezaron a engendrarse
de este incendio las centellas,
de este daño las señales;
que apenas la vez primera
vieron mis ojos sus calles,
cuando el Marqués don Fadrique,
ese castigo de alarbes,
ese honor de castellanos,
rayo de turcos alfanjes,
ese espejo de las damas
y envidia de los galanes,
a combatirme empezó
con medios tan eficaces,
que ha usurpado la opinión
mi corazón al diamante.
Si al fin sus continuas quejas,
si al fin sus bizarras partes
correspondencia engendraron

en mi pecho, no te espante;
que por doña Ana te he visto
de tu valor olvidarte,
regar la tierra con llanto,
romper con quejas los aires.
Pues si eres hombre, don Diego,
y la fuerza de Amor sabes,
de sus vitorias despojo,
víctima de sus altares,
¿qué mucho que una mujer
contra su poder no baste,
y más si obligan temores,
y esperanzas persuaden?
Que el Marqués, si amante humilde,
conquistador arrogante,

(Aparte.)   mezclaba.. (Esta falsa culpa
le imputo por disculparme)
...las amenazas crueles
a las promesas suaves,
y el poder y la ambición
igualmente me combaten.
Temo venganzas injustas
en mi opinión y en tu sangre,
espero que a ser mi esposo
le obliguen mis calidades;
y al fin, estas fuerzas todas,
a empresa mayor bastantes,
a darle esta noche entrada
pudieron determinarme.
¡No te alteres! Oye, hermano;
que en caso tan importante
no en ligeras confianzas
fundaba mis liviandades.
Prevenida me arrojaba,

ordenando que ocupasen
tres testigos, de mi cuarto
ciertos ocultos lugares,
con intención de pedirle
palabra de esposo antes
que en la fuerza de mi honor
le hiciese el amor alcaide;
y si la diese, o movido
de su afición y mis partes,
o pretendiendo, fiado
en el secreto, engañarme,
tener testigos con quien
convencerle, y obligarle
al cumplimiento; que puesto
que su poder me acobarde,
el rey don Pedro es el rey,
y justicia a todos hace
tan igual, que ha merecido
que «el justiciero» le llamen;
y si a su intento quisiese,
sin obligarse, obligarme,
tener quien diese socorro
a mi resistencia frágil.
Éste fue mi pensamiento;
y envuelta en cuidados tales,
esta noche, autora triste
de lamentoso desastre,
tuve abierta esa ventana,
sin que un punto de ella aparte
la vista, esperando señas
y temiendo novedades;
cuando hacia la reja un hombre
vi cuidadoso llegarse,
cuyo recato atrevido

me daba de amor señales.
Pensé —idesdichado engaño!—
que era el Marqués, y al instante
a hablarle llego; y apenas
el engaño se deshace,
cuando su infeliz hermano,
que por el Marqués amante,
más que hermano, fiel amigo,
ronda celoso la calle,
le llegó a reconocer;
y sobre querer quitarle
de la reja, sus aceros
dieron rayos a los aires.
El oculto pretendiente
fue más dichoso; que a nadie
más valiente que al difunto
celebraron las edades.
Ésta es mi culpa. Mi pena
o tu castigo me mate,
pues que venturoso muere
el que desdichado nace.

Diego   ¿Hay más dura confusión?
¿Que aún son mayores mis males
que pensé? ¿Que es el Marqués,
y no don Sancho, tu amante?
¿De modo que tengo agora
que librarte y que librarme.
demás de lo que amenaza
una desdicha tan grande,
de la venganza furiosa
de los celos que causaste
al Marqués, y de la ofensa
que en pretenderte me hace?

¡Ah, Dios! ¿Qué fuerzas habrá
que con vida y honra saquen
mi opinión de entre los brazos
de tantas adversidades?
No puede ser. ¡Pues, valor
heredado de mis padres,
para tales ocasiones vive
en el pecho la sangre!
Mas di, ¿quién fue el homicida?

Flor   Ni el rostro, la voz, ni el talle
conocí.

Diego   ¿Cómo es posible?

Flor   Fueron breves los instantes
del caso; lo más te he dicho,
y no hay para qué callarte
lo demás, si lo supiera.

(Aparte.)   (La verdad quiero negarle;
que me adora don Fernando,
y me obliga, aunque me agravie.)

Diego   ¿Cómo sabré que tu lengua
me ha referido verdades,
Flor?

Flor   Si el crédito me niegas,
Inés y Alberto lo saben;
mas si probanza procuras
más secreta, por no darte
por entendido, papeles
del Marqués guarda esta llave,
que de la verdad que digo

podrán mejor informarte.

(Dale una llave.)

Diego   Muestra, y piensa que no rompe
             mi espada tu pecho infame
             porque no digan que empiezo
             por la mujer a vengarme.

Flor   Si mi triste fin deseas,
             no importa que no me mate
             tu espada; que espada son
             de la muerte mis pesares.

(Vanse los dos. Salen el Marqués y don Fernando.)

Marqués   Ya os saqué de la ciudad;
             ya en este campo desierto
             alcanza seguro puerto
             por mí vuestra libertad;
                 y para poder seguir
             la derrota que os agrada,
             tenéis postas en Tablada,
             barcos en Guadalquivir.
                 Y porque tengo advertido
             que no pudo a intento igual
             lo súbito de este mal
             hallaros apercibido;
                 porque no os impida acaso
             algo la necesidad,
             esas cadenas tomad,
(Dale dos cadenas.)   que os faciliten el paso.

Fernando   Cuando la ocasión que veis

no me obligara a acetar,
lo hiciera por no agraviar
la largueza que ejercéis.
Por mil modos dejáis presa
mi voluntad.

Marqués   Ya he cumplido
mi palabra.

Fernando   Y excedido
el efeto a la promesa.

Marqués   Ya, pues que no me podéis
oponer esa excepción,
pedir puedo con razón
que quién sois me declaréis;
   que digáis qué os ha pasado
con mi hermano y doña Flor,
porque sepa mi valor
a lo que estoy obligado;
   que será bien, pues por ella
ha sucedido este mal,
y soy la parte formal
en seguilla o defendella,
   que entre los dos brevemente
la causa aquí sustanciada,
o la perdone culpada,
o la disculpe inocente.

(Aparte.)   (Así averiguo mis celos
sin dar a entender mi amor.)

Fernando   El nunca visto valor
de que os dotaron los cielos,
   por igual engendra en mí

el recelo y confianza;
que amenaza la venganza,
supuesto que os ofendí,
    cuando mi pecho confía
de que le tendréis también
para perdonar a quien
no supo que os ofendía.
    Y así, o perdonad mi ofensa,
Marqués, o el no declararme;
que ha de ser el ocultarme
de vos mi mayor defensa.

Marqués

    Ved que me habéis agraviado,
pues dais en eso a entender
que os engendra mi poder,
y no mi valor, cuidado.

Fernando

    ¿Cómo?

Marqués

    Clara es la razón
en que este argumento fundo;
que si las leyes del mundo
piden la satisfacción
    como fue la ofensa, es llano
que cuerpo a cuerpo los dos
debo vengarme, pues vos
matastes así a mi hermano.

Fernando

    Es así.

Marqués

    Pues si es así,
y que estamos hombre a hombre,
querer ocultarme el nombre
cuando os tengo a vos aquí,

y decir que de esa suerte,
si no os quiero perdonar
mi ofensa, pensáis librar
vuestra vida de la muerte,
　¿no es evidente probanza
de que pensáis que pretendo
saber quién sois, remitiendo
a otra ocasión mi venganza,
　pues si teniéndoos presente,
pensáis que no quiero aquí
vengarme de vos por mí,
dais a entender claramente
　que os pretendo conocer
porque pueda en mi ofensor,
lo que agora no el valor,
hacer después el poder?

Fernando　　　Vuestro valor solo ha sido
el que me obliga a ocultarme;
que supuesto que librarme
prometistes, he creído
　que está seguro mi pecho
esta vez de vos aquí;
pues se ha de entender así
la promesa que habéis hecho.

Marqués　　　No. De mi palabra es ésa
muy larga interpretación;
conforme a la relación
se ha de entender la promesa.
　Vos dijistes que alterado
os perseguía el lugar;
de él os prometí librar,
y de él os he ya librado;

y vos mismo agora aquí
confesastes que he cumplido
mi palabra, y excedido
a lo que os prometí.
   Según esto, no hay razón
que declararos impida,
si ha de quedar fenecida
la causa en esta ocasión.

Fernando   En albricias de eso os quiero
besar los heroicos pies,
pues que si acaso, Marqués,
aquí a vuestras manos muero,
   me será más conveniente
que vivir sobresaltado
siempre del duro cuidado
de un contrario tan valiente.
   Y si os mato, a mi valor
doy cuanto en la fama cupo,
venciendo a quien nunca supo
sino salir vencedor.
   Y pues ya no me está mal
decir mi nombre, yo soy
don Fernando de Godoy,
de Córdoba natural.

Marqués   En vuestro valor advierto
la sangre que os ha animado.

Fernando   Bien pienso que lo ha probado
quien a vuestro hermano ha muerto,
   pues si con igual hazaña
os mato, decir podré
que en una noche quebré

entrambos ojos a España.
Con esto os he declarado
lo que mandéis.

Marqués   Resta agora
que digáis lo que con Flora
y don Sancho os ha pasado.

Fernando   De vuestro hermano ya oístes
que por quererme quitar
de una ventana el lugar
que ocupaba, le perdistes.
        En cuanto a Flor, lo primero
pensad que jamás su honor
sufrió la duda menor;
luego, como caballero
        y galán, me decid vos
si, dado caso que fuera
yo tan dichoso, que hubiera
secretos entre los dos,
        ¿diera el descubrirlos fama
a mi honor, si es, según siento,
inviolable sacramento
el secreto de la dama?

Marqués   Pues si callar os prometo,
el ser quien soy, ¿no me abona?

Fernando   No hay excepción de persona
en descubrir un secreto.
        En vano estáis porfiando.

Marqués   Advertid que con callar
me dais más qué sospechar

que podéis dañar hablando,
si al constante desvarío
en que dais, de doña Flor
os ha obligado el honor.

Fernando   No me obliga sino el mío,
ni temo que sospechéis
de su honor por eso mal;
que sois noble, y como tal
la sospecha engendraréis;
y cuando no, de no hablar
nace sospecha dudosa,
siendo tan cierta y forzosa
la afrenta de no callar.
Y porque más adelante
no paséis, mi pecho es
en este caso, Marqués,
un sepulcro de diamante.

Marqués   Ya no basta el sufrimiento;
(Aparte.)   (que añade la resistencia
a los celos impaciencia
y furias al sentimiento).
Mas con esta espada yo
el diamante romperé,
y en vuestro pecho veré
lo que en vuestra boca no.

(Acuchíllanse.)

Fernando   ¡Ah, Marqués! Mucho valor
pusieron en vos los cielos.

Marqués (Aparte.)   (La espada animan los celos,

42

y el corazón el dolor.)

(Abrázanse y luchan.)

Fernando   Si os igualo en valentía,
                    vos en fuerza me excedéis.

Marqués   No os espante, cuando veis
                    la razón de parte mía.

(Cae debajo don Fernando.)

Fernando   ¡Ah, cielos! Vencido soy.

Marqués   Decid, pues lo estáis, agora,
                    qué os ha pasado con Flora.

Fernando   Resuelto a callar estoy.

Marqués   ¿Que os resolvéis en efeto,
                    si con la muerte os obligo,
                    a no decirlo?

Fernando   Conmigo
                    ha de morir mi secreto.

Marqués   ¡Levantad, ejemplo raro
                    de fortaleza y valor,
                    alto blasón del honor,
                    de nobleza espejo claro!
                        ¡Vivid! ¡No permita el cielo
                    que quien tal valor alcanza,
                    por una ciega venganza
                    deje de dar luz al suelo!

Para con vos quedo bien
con esto, pues si sabéis
que sé que muerto me habéis
mi hermano, sabéis también
   que cuerpo a cuerpo os vencí;
y si ya pude mataros,
hago más en perdonaros
pues también me venzo a mí.
   Para con el mundo nada
satisfago si aquí os diera
muerte, pues nadie supiera
que fue la autora mi espada,
   por el secreto que ofrece
esta muda oscuridad;
y en tanto que la verdad
de mi ofensor se oscurece,
   no tengo yo obligación
de daros muerte, si bien
la tengo de inquirir quién
hizo ofensa a mi opinión.
   Guardaos, si viene a saberse
que fuistes vos mi ofensor,
porque en tal caso mi honor
habrá de satisfacerse;
   mientras no, para conmigo
no solo estáis perdonado,
pero os quedaré obligado
si me queréis por amigo.

Fernando   De eterna y firme amistad
               la palabra y mano os doy.

Marqués   Don Fernando de Godoy,
               idos con Dios, y pensad

44

que puesto que ya la muerte
de mi hermano sucedió,
que más que a mí quise yo,
os estimo de tal suerte,
     que trueco alegre y ufano,
a mi suerte agradecido,
el hermano que he perdido
por el amigo que gano.

Fin de la primera jornada

Jornada segunda

(Salen el Rey, el Marqués y don Pedro.)

Rey   Marqués, cuando solicito
consolaros de este mal,
hallo que yo por igual
de consuelo necesito.
    Vos perdistes un hermano,
yo un amigo verdadero,
por cuya lealtad y acero
di terror al africano,
    y advertiréis que no yerra
la comparación que he hecho,
pues me defendió su pecho,
y mi hermano me hace guerra.
    Mas, ¿tenéis del agresor
noticia? Que solamente
la pena del delincuente
dará alivio a mi dolor.

Marqués   Hasta agora se ha ignorado
el homicida; mas yo,
puesto que ya sucedió
el daño, y que está probado
    que desnudaron los dos
los aceros mano a mano,
y dar a mi triste hermano
menos dicha quiso Dios,
    solo me holgara, señor,
que el agresor pareciera
para que a vos os sirviera
un hombre de tal valor;
    que quien a mi fuerte hermano

cuerpo a cuerpo matar pudo,
pondrá a esos pies, no lo dudo,
todo el imperio otomano;
    y así os pido que los dos
le perdonemos aquí.
Dadle vos perdón por mí;
que yo se le doy por vos.

Rey

Hija de vuestro valor
solo y de vuestra amistad
es tal acción. Levantad,
caballerizo mayor.

Marqués

Pondré donde vos los pies,
la boca.

Rey

Así he comenzado
a pagaros el soldado
que darme queréis, Marqués.

Marqués

Tan recto os mostráis, señor,
que aun los intentos pagáis.

Rey

Y porque a mi cuenta hagáis
a quien debo tanto amor
    las obsequias funerales,
las alcabalas os doy
de Córdoba.

Marqués

Hechura soy
de esas manos liberales.
    pero decidme, señor,
si habéis perdonado ya
al agresor.

Rey   Bien está.

Marqués (Aparte.)   (¡Qué justicia!)

Pedro (Aparte.)   (¡Qué valor!)
                     Mil años, Marqués, gocéis
                     tanto favor.

Marqués   Mi fortuna,
                     señor don Pedro de Luna,
                     que es vuestra también sabéis.

Rey   Don Pedro, haced prevenir
                     la caza al punto; que intento
                     divertir mi sentimiento.

Pedro   Voyte, señor, a servir.

(Vase don Pedro.)

Rey   ¿Estamos solos?

Marqués   Señor,
                     solo está tu majestad.

Rey   Siempre de vuestra lealtad
                     fié el secreto mayor,
                        Marqués, don Pedro de Luna,
                     según informado he sido,
                     con mi favor atrevido,
                     y fiado en su fortuna,
                        quebrantando la clausura
                     de mi palacio real

entra a gozar, desleal,
de una dama la hermosura.
   Pena de la vida tiene.
Mi justicia le condena;
mas no ejecutar la pena
públicamente conviene;
   que tiene deudos y amigos
sin número, y de esa suerte
cobrara con una muerte
vivos muchos enemigos,
   cuando por las disensiones
de mi hermano es tan dañoso
ocasionar riguroso
en mi reino alteraciones;
   y así, yo os mando, y cometo
a ese valor y prudencia,
que ejecutéis la sentencia
con brevedad y secreto.

Marqués   Señor...

Rey   ¡No me repliquéis!
¡Obedeced y callad!
Conozco vuestra piedad;
mi justicia conocéis.

(Vase el Rey.)

Marqués   ¿Qué justicia, qué rigor,
si bien se mira, consiente
castigar tan duramente
yerros causados de amor?
   Para ejecutor cruel
de la pena del que ha errado

por amor, han señalado
a quien yerra más por él.
　　Válgale al menos conmigo
saber la fuerza de Amor,
ya que en su alteza el rigor
hace inviolable el castigo.
　　Válgale, pecho, trazad
cómo tengáis igualmente,
ni piedad inobediente,
ni ejecutiva crueldad;
　　que entrambos fines consigo
si algún medio puedo hallar
con que dilate, sin dar
enojo al rey, el castigo;
　　porque humane el tiempo en él
este riguroso intento,
o ponga otro impedimento
a la ejecución cruel.
　　¡Ricardo!

(Sale Ricardo.)

Ricardo	¡Señor...!
Marqués	¿Qué dice de esa desdicha el lugar?
Ricardo	Todo es sentir y llorar suceso tan infelice.　　Ignórase el homicida; mas es público que Flora fue del daño causadora.
Marqués	Calla, Ricardo. En tu vida,

si no quieres darme enfado,
me nombres esa mujer.

Ricardo   ¿Qué dices?

Marqués   Esto has de hacer.

Ricardo   ¿Estás agora enojado?

Marqués   Resuelto, Ricardo, estoy.
Ni recado ni papel
de esa liviana infiel
me des ya.

Ricardo   A los cielos doy
gracias por esa mudanza;
que tú sabes que yo he sido
quien siempre te ha persuadido
que gozases tu privanza
sin dar qué decir de ti;
y ya que resuelto estás,
para que confirmes más
ese intento, escucha.

Marqués   Di.

Ricardo   Otra vez dicen que dio
en Córdoba, habrá dos años,
ocasión a grandes daños
doña Flor, porque la halló
su hermano, que ya sabrás
su mucho valor, hablando
de noche con don Fernando
de Godoy.

Marqués   No digas más.
                     ¡Que tan antiguo es el mal!
                     Lo dicho, dicho, Ricardo.
                     No deje este amor bastardo
                     en mí la menor señal.
                         Ya mi hermano desdichado
                     es muerto. Casarme quiero;
                     daré a mi casa heredero,
                     daré quietud a mi estado.
                         A doña Inés de Aragón
                     quiero en palacio servir;
                     que bien pueden divertir
                     su belleza y discreción
                         el más firme pensamiento;
                     y si merezco su mano,
                     nunca bien más soberano
                     alcanzó el merecimiento.

Ricardo   Bien harás.

Marqués   Para que entiendas
                     que arrepentirme no aguardo,
                     toma esa llave, Ricardo,
                     y los papeles y prendas
                         de Flor entrega al momento
                     al fuego.

Ricardo   A servirte voy.

Marqués   Lleve sus cenizas hoy,
                     pues lleva su amor, el viento.

(Vase Ricardo. Sale don Diego.)

Diego (Aparte.)	(Solo está. Buena ocasión de hablarle es ésta.) Los pies os beso, señor Marqués.
Marqués	¡Señor don Diego!
Diego	Aunque son tiempos tales dedicados solo a sentir y llorar, no me dejan dilatar esta ocasión mis cuidados. No os encarezco, señor, lo que este caso he sentido, porque ambos hemos tenido igual causa de dolor; que un hermano perdéis vos, yo una hermana. ¡A Dios pluguiera que de la pérdida fuera igual el modo en los dos, pues es cosa conocida que es más pesada y más fuerte, en quien es noble, la muerte del honor que de la vida! Y no sé, cuando os contemplo de prudencia, de nobleza, de justicia y fortaleza muro fuerte y vivo ejemplo, cómo es posible que fui yo solo tan desdichado, que quien a todos ha honrado, solo me deshonre a mí! Señor Marqués, Flor causó la muerte de vuestro hermano;

pero vuestro amor liviano
causa a mi deshonra dio.
    Conozco vuestro poder,
vos conocéis mi valor;
del rey los dos el rigor.
Mirad lo que habéis de hacer.

Marqués   Señor don Diego, testigo
es el cielo soberano
que de mi difunto hermano
no pudo el dolor conmigo
    lo que el pesar de haber dado
causa a que en su deshonor
se hablase de doña Flor.
Bien lo mostró mi cuidado,
    pues primero la avisé
que no hiciese novedad,
primero de esta ciudad
a la justicia encargué
    que a vuestra casa guardase
las debidas exenciones,
y que en las informaciones
el nombre de Flor callase,
    que del muerto hermano mío,
causa en mí de tal dolor,
me llevase el vivo amor
a ver el cadáver frío.

Diego   Confieso que ese cuidado
os tengo que agradecer.

Marqués   Ya sucedió. No hay poder
que revoque lo pasado.
    Mi culpa yo os la confieso;

pero si de amor sabéis,
no dudo que disculpéis
con su locura mi exceso.
Solo falta dar un medio
con que vos tengáis, seguro,
prevención en lo futuro,
y en lo pasado remedio.

Diego   Eso intento.

Marqués   Ceda, pues,
mi pasión a vuestro honor,
a vuestra amistad mi amor,
mi gusto a vuestro interés.

(Aparte.)   (Supuesto que yo conmigo
no ver a Flor proponía,
con lo que de balde hacía
quiero ganar un amigo.)
Yo os doy, como caballero,
palabra, no solamente
de oprimir mi amor ardiente,
y de que tendrá primero
nuevas de mi muerte Flor
que indicios de mi cuidado;
mas de no admitir recado,
mensajero ni favor
que venga de parte suya;
y porque, si nota ha dado,
lo que mi amor le ha quitado,
mi poder le restituya,
haré que su majestad
tanto, don Diego, os aumente,
que hecho un Sol resplandeciente,
vuestra hermosa claridad

ilustre a Flor y en su llama
los rayos vuestros consuman
los vapores que presuman
quitar la luz a su fama.

Diego   Con esos dos medios voy
seguro, y soy vuestro amigo.

Marqués   De cumpliros lo que digo
otra vez palabra os doy.

Diego   Pues porque os muestre mi pecho
cuánto de ella se confía,
estos testigos tenía
del daño que me habéis hecho

(Saca unos papeles y dáselos.)

               Tomadlos. No quiera Dios,
si a vuestro valor me obligo,
que quiera yo más testigo
que a vos mismo, contra vos.

Marqués   Pagaré esa confianza
con amistad verdadera.

Diego   Y la vuestra hasta que muera
vivirá en mi sin mudanza.

(Vanse los dos. Sale Encinas.)

Encinas   ¡Válgate Dios, confusión
y embeleco de Sevilla!
¿Es posible que se encubra

don Fernando tantos días,
sin que ni deudos ni amigos
de él me hayan dado noticia?
Mas es la corte, y en ella
estas mañas son antiguas.
Un hombre conozco yo
que es tahúr, y desde el día
que a un desdichado inocente
en el garito emprestilla,
se va al de otro barrio, que es
como pasarse a Turquía.
Cursa en él hasta pegarle
a otro blanco con la misma,
y va visitando así
por sus turnos las ermitas;
y en acabando la rueda,
se vuelve a la más antigua,
donde, como los tahúres
se trasiegan cada día,
o no va ya su acreedor,
o él hace del que se olvida,
o tiene conchas la deuda,
del tiempo largo prescrita.

(Sale don Fernando, de peregrino.)

Fernando (Aparte.)   (Encinas está a la puerta
de Flor, y no pronostica
estar en ella seguro
mal suceso a mis desdichas.)
¡Hidalgo!

Encinas   ¿Quién es?

Fernando	Un hombre
	que saber de vos querría
	si vivís en esta casa.

Fernando
　　　　　　　　　Un hombre
que saber de vos querría
si vivís en esta casa.

Encinas
　　　　　　　　　¡Señor! ¡Señor de mi vida!
¿Es posible que te veo?

Fernando
　　　　　　　　　Quedo. ¿No me conocías?

Encinas
　　　　　　　　　Tu voz conoció el oído;
que no tu cara la vista,
tanto el disfraz desfigura.

Fernando
　　　　　　　　　Huélgome; que algunos días
importa a ciertos intentos
andar oculto en Sevilla.

Encinas
　　　　　　　　　¿No me dirás qué te has hecho?
¿Así te vas y me olvidas?
¿A Encinas con la traspuesta?
¡Luego querrás que no diga
de los cordobeses mal!

Fernando
　　　　　　　　　Mal discurres cuando admiras
mi ausencia y estos disfraces;
que en tanto que se averigua
quién fue del valiente hermano
del Marqués el homicida,
me he de ocultar; que haber sido
yo amante de Flor me indicia
de culpado; y así, quiero
que en este caso me digas
lo que pasa, qué hay de Flor,
y qué se dice en Sevilla.

Encinas   Como vino la mañana,
                           y tú, señor, no venías,
                           salí a buscarte, ofreciendo
                           a Dios en hallazgo misas.
                           Hallé toda la ciudad
                           alborotada y sentida
                           de la muerte de don Sancho,
                           y que el vulgo discurría,
                           ignorando el agresor,
                           si bien la fama publica
                           que fue doña Flor la causa.
                           De aquí tomó la malicia
                           ocasión de divulgar
                           la que en Córdoba ella misma
                           dio por ti, agora ha dos años,
                           a semejantes desdichas.
                           Mas no por esto a su casa
                           se ha atrevido la justicia.
                           Del lastimado Marqués
                           prevención bien advertida;
                           aunque de ella, y de no haber
                           faltado algunos que digan
                           que el Marqués mismo ayudó
                           a escaparse al homicida,
                           y que ha pedido a su Alteza
                           que de perdonar se sirva
                           al delincuente, hay algunos
                           maliciosos que colijan
                           que quitaron a su hermano
                           por orden suya la vida,
                           por celos de doña Flor,
                           conjetura que confirman
                           las circunstancias, pues fue

sobre hablarla la mohína.
Éste es el punto en que están
estas cosas. De las mías
sabrás que, desesperado
de no hallar de ti noticia,
y apretado, Dios lo sabe,
de la pobreza enemiga,
me resolví, y hoy de Flor
vine a saber si sabía
de ti, y pedir que socorra
mi necesidad esquiva.
Halléla triste, y hallé
que su noble hermano había
tripulado los sirvientes
del juego de amor malillas.
Entró don Diego, y hallóme
con ella; mas no hay quien finja
artificiosos remedios
en desgracias repentinas,
como la mujer. Al punto
le dice Flor que yo había
tenido, de que buscaba
un escudero, noticia,
y entré, por estar sin dueño,
a pedir que me reciba.
Conocióme; que los dos
en la edad poco entendida
en Córdoba hicimos juntos
más de dos garzonerías;
y con esto quiso Dios
que, o nunca supo o se olvida
de que he sido tu criado,
y el ser de su patria misma
a justa piedad le mueve,

y a recibirme le obliga.
Quedé por criado al fin
de don Diego de Padilla,
si tan suyo como debo,
tan tuyo como solía.

Fernando   ¿Que el Marqués pidió a su alteza
el perdón del homicida?

Encinas   Así dicen.

Fernando (Aparte.)   (¡Gran valor!
¡Por cuántos modos me obliga!)
Y el rey, ¿qué le respondió?

Encinas   Con severidad esquiva
dijo solo: «Bien está».
Ya conoces su justicia.

Fernando   «¿Bien está?» Pues no está bien.
En fin, ¿es don Diego, Encinas,
tu dueño?

Encinas   Desde hoy acá.
Mas tu teniente dirías
mejor. Ya ves, fue forzosa
la ocasión.

Fernando   Que lo prosigas,
lo es también, por evitar
sospechas.

Encinas   Bien advertida
prevención.

Fernando	Y porque salgas
	del empeño en que estos días
	te habrás puesto, esa cadena
	recibe.

(Dale una de las que le dio el Marqués.)

Encinas	Señor, ¿es fina?
Fernando	¿No lo parece?
Encinas	En el pobre
	pasa el oro por alquimia.
Fernando	Si quien me la dio supieras,
	su valor no dudarías.
Encinas	¿Fue mujer?
Fernando	No, sino un hombre
	a quien le debo la vida.
Encinas	¿Cómo, señor?
Fernando	Más espacio
	quiere el caso. Agora mira
	si puedo, porque me importa,
	hablar a Flor.
Encinas	¿No decías
	que renunciabas su amor?
Fernando	Y otra vez lo digo, Encinas.

Otro es mi intento.

Encinas   Pues entra;
que agora no hay quien lo impida;
que no tienen más criado
que a mí. Sal presto y evita
el peligro de su hermano;
que yo me pongo en espía.

Fernando   Ardiendo y temblando llego
a mi adorada enemiga;
que si mis celos me enojan,
su enojo me atemoriza.

(Vanse los dos. Sale doña Flor.)

Flor   ¿Es posible que el Marqués
ni me vea ni me escriba?
¡Cielos! ¿Se venga celoso,
o agraviado se retira?
(Sale don Fernando.) ¿Qué es esto? ¿Quién es?

Fernando   Es, Flor,
quien de lo que ser solía
solo tiene la memoria,
por que de infierno le sirva.

Flor   ¿Es don Fernando?

Fernando   ¿Hasta agora,
cruel, no me conocías?
Tan del todo tu mudanza
de mi firmeza te olvida?
¿Es posible que en un pecho

a quien noble sangre anima,
ya que la mudanza cupo,
quepa también la mentira?
Falsa, ¿por qué me engañaste?
¿Por qué el infelice día
que tras de tantos de ausencia,
llegué más firme a tu vista,
no me diste desengaños,
que remedian, si lastiman,
aprovechan, aunque ofenden,
y aunque atormentan, obligan?
Hiciéraslo, si me quieres,
porque guardase la vida,
y si no, porque dejasen
de cansarte mis porfías.
¿Fue más cordura obligarme
con tus palabras fingidas
al peligro en que me viste,
y a la desgracia que miras?
Mas, ¿cómo fueras ingrata,
cómo fueras enemiga,
cómo mujer, si no fueras
contraria a la razón misma?

Flor   Basta, don Fernando, basta;
que te engañas, si imaginas,
anticipando tus quejas,
cerrar el paso a las mías.
Si tú me cumplieras, falso,
la palabra prometida,
mi fama y tu amor gozaran
más quietos y dulces días.
El secreto me juraste,
y al primer lance, perdida

o la memoria o la fe,
¿me ofendes y lo publicas?

Fernando   ¿Yo lo he publicado?

Flor   Sí;
que lo mismo es que lo digan
las obras que las palabras.
¿Tu lengua, aleve, podía
decir más claro tu amor,
que lo dijo vengativa
tu espada, locos tus celos,
precipitadas tus iras?

Fernando   ¡Bien por Dios! Lo que hice
yo para obligar, ¿desobliga?
Para disculpar las tuyas
¿finges, falsa, culpas mías?
Saqué la espada callando,
puse a peligro la vida
por no descubrirme a quien
conocerme pretendía,
solo por guardarte así
el secreto, y tú lo aplicas
a lo contrario? ¡Qué clara
se conoce tu malicia!

Flor   Evitaras el peligro,
pues la resistencia vías,
que a mayor publicidad
daba ocasión tan precisa.
Dejaras el puesto, huyeras;
que pues no te conocían,
nada perdieras en ello.

66

Fernando	Sin duda mi sangre olvidas.
	Ser secreto prometí,
	no cobarde; que no había
	de acetar quien nació noble
	cosas que lo contradigan.
	No importa no conocerme;
	que yo a mí me conocía,
	y la misma sangre noble
	es fiscal contra si misma.
	Y si tú me conociste,
	¿qué más ocasión querías?
	¿Hay más mundo para mí?
	¿Hay más honra? ¿Hay más estima?
Flor	Conmigo nada perdieras,
	si por mi opinión lo hacías.
Fernando	Conocida era la fuga,
	la intención no conocida;
	y acción que es mala por sí,
	en duda la aplicarías
	a lo peor. Claro está;
	que conozco mi desdicha.
	Y dada ya la sospecha
	de que tu amor merecía
	quien contigo a tu ventana
	de noche hablaba, ¿no miras
	que a nadie infamara más,
	huyendo yo, que a ti misma,
	pues con causa te acusaran
	de que a un cobarde querías?
	¿Ves mi razón? ¿Ves tu afrenta?
	¿Ves cómo quedas vencida?

¿Ves cómo de culpas tuyas
son, falsa, las penas mías?
Tus engaños cometieron
el delito que me aplicas;
que a no tener otro amante,
y a no decir, fementida,
que eras quien fuiste,
no hubiera sucedido esta ruina.

Flor   ¿Yo otro amante?

Fernando   Y aun querido;
que nadie, sin que le admitan,
celoso guarda la calle,
furioso arriesga la vida.

Flor   Desdeñado un poderoso,
convierte el amor en ira.

Fernando   En vano para conmigo
falsas disculpas maquinas.
¡Quédate por siempre, ingrata,
liviana, aleve, fingida,
mudable, tirana, fiera,
tigre hircana y sierpe libia!
¡Quédate; que solo vine
a exhalar las llamas vivas
que, de tu ofensa engendradas,
dentro de mi pecho ardían,
con decirte sola a ti
tus infamias, tus mentiras,
mudanzas y liviandades,
ya que el ser quien soy me priva
de romper, con publicarlas,

la palabra prometida;
que yo ofendido la guardo,
y tú obligada la olvidas!
¡Y así, para no ver más
falsedades tan indignas
de quien eres y quien soy,
no me verás en tu vida!

(Quiere irse don Fernando.)

Flor   ¡Vete, ocasión de mis males,
vete, y los cielos permitan
que ni el eco de tu nombre
vuelva otra vez a Sevilla!

Fernando   ¡Cómo, traidora, te huelgas
que de tu amor me despida!
¿Mi nombre ofende tu oído,
y mi presencia tu vista?
¡Pues, vive Dios, que por eso,
aunque arriesgara mil vidas,
he de ser eternamente
una sombra que te siga,
porque me vengue en lo mismo
con que a venganza me incitas!

Flor   ¡Pues yo, si en eso te vengas,
sabré hacer...!

(Sale Encinas.)

Encinas   Señora, mira
que viene tu hermano.

Flor	¡Ay, triste! ¡Vete, Fernando!
Fernando	Enemiga, mi muerte y la tuya espero.
Encinas	Pues duélete de la mía. Vete, señora, a tu cuarto, y tú, señor, te retira a mi aposento.
Flor	¿Veré, antes que muera, algún día que por tu causa no tenga alborotos y desdichas?
Fernando	Y yo, ¿sin mudanzas tuyas veré alguno?

(Vase doña Flor.)

Encinas	Señor, mira que llega don Diego.
Fernando	Llegue, y a sus manos vengativas muera yo, Encinas, primero que a las de su hermana viva.
Encinas	Acaba; que a toda ley es bueno guardar la vida.

(Vanse los dos. Salen doña Ana e Inés.)

Ana	¿Hácete Flor soledad?
Inés	Mal puedo, señora mía, sentirla en tu compañía.
Ana	Pagas, Inés, mi amistad.
Inés	Solo siento la tristeza que con mi ausencia padece.
Ana	A fe que no la merece.
Inés	Es pensión de su belleza. Pero ya viene el Marqués.
Ana	Bien su palabra ha cumplido.

(Sale el Marqués.)

Marqués	Alegre y desvanecido vengo a serviros.
Ana	Los pies os beso por tal favor.
Marqués	Comenzad pues a mandarme, si queréis obligarme ése es el medio mejor. Pedido me habéis que os vea. Advertid, doña Ana hermosa, que no ha de ser para cosa que muy difícil no sea.
Ana	La nobleza y cortesía

que en vos celebra la fama,
porque es mujer la que os llama,
disculpara su osadía;
    y eso mismo me asegura
que tendrá en esta ocasión
efeto mi pretensión
y mi esperanza ventura.
    Señor Marqués, doña Flor,
en cuyo constante pecho
inhumano estrago han hecho
vuestra ausencia y vuestro amor,
    como os habéis retirado
tan del todo de sus ojos,
que aun no alivia sus enojos
de parte vuestra un recado,
    está oprimida de suerte,
de pesar y sentimiento,
que perdido el sufrimiento,
pide remedio a la muerte.
    Yo, que estimo su amistad
y en vuestra nobleza fío,
he tomado a cargo mío
amansar vuestra crueldad.
    Merezca una vez siquiera
veros el rostro, por ser
vos noble y ella mujer,
y yo, Marqués, la tercera.

Marqués (Aparte.)   (¡Ay, Flor! Bien saben los cielos
que a tantos rayos de Amor,
a no resistir mi honor,
no resistieran mis celos.
    Di mi palabra; ¡maldiga
el cielo al necio imprudente

que con enojo presente
a lo futuro se obliga!)
    Señora, lo que pedís,
a ser difícil lo haría;
mas es, por desdicha mía,
imposible.

Ana   ¿Qué decís?

Marqués   Digo...

(Salen don Diego y Encinas, quedándose a la puerta, sin ser vistos.)

Encinas   Pues señor, ¿así
te cuelas?

Diego   Ya a la impaciencia
se rindió la resistencia.
Mas el Marqués está aquí.

Encinas   En Cantalapiedra has dado.

Diego   Quedo, pues no me han sentido,
quiero aplicar el oído;
que a celos toca el cuidado.

Marqués   Según esto, no os espante
mi resolución.

Ana   Señor...

Marqués   Tratarme agora de amor
es ablandar un diamante.

Ana	Acabad; cesen enojos.
	No puedan tanto los celos.
Diego (Aparte.)	(¡Por Dios, que le ruega! ¡Cielos!
	¿Tal vienen a ver mis ojos?)
Marqués	Doña Ana, en vano os cansáis.
Ana	¿Rogado os endurecéis?
	No a la sangre que tenéis
	la condición conformáis.
Diego (Aparte.)	(Ello es cierto.)
Marqués	Lo que os pido
	es que no me tratéis más
	de esa materia.
Ana	Jamás
	me hubiera yo persuadido,
	si no lo llegara a ver,
	y aun lo dudo, aunque lo toco,
	que con vos puedan tan poco
	los ruegos de una mujer.
	¿No daréis, Marqués, lugar
	a las disculpas siquiera?
Inés	Esto es justo.
Marqués	Yo lo hiciera,
	si me pudiera mudar.
Ana	¡Maldiga Dios a don Diego,
	que a una determinación

tan cruel dio la ocasión!

Encinas   ¿Oyes esto, señor?

Diego   ¿Luego
el Marqués por celos míos
la trata con tal rigor?
Ahora bien —ya que el amor
no ayuda mis desvaríos—,
   a un engaño me apercibo
con que, pues no soy dichoso,
lo que no alcanzo amoroso,
alcanzaré vengativo.
   Aquí me importa que des
a entender que eres criado
del Marqués.

Encinas   Ese cuidado
me deja, que fácil es;
   que pues hasta aquí por tuyo
no me conocen, saldré
con él, y así pasaré
plaza de criado suyo.

Diego   Pues al punto que él se ausente
vuelve a entrar, y de su parte
estos doblones reparte

(Dale un bolsón.)   en la familia sirviente
   de doña Ana; y al que fuere
más codicioso dirás
que el Marqués le ofrece más,
por que esta noche le espere
   a la puerta de doña Ana;
que a deshora quiere hablarle;

                          y el secreto has de encargarle.

Encinas   No será tu industria vana
                             por mi parte.

Diego   Bien de ti
                          sé lo que puedo fiar.
                          Yo quiero, por no causar
                          sospechas, irme de aquí,
                             pues no me han visto.

(Vase don Diego.)

Ana   Bien sé
                          que a doña Inés de Aragón
                          servís ya.

Marqués   Y en su afición
                          vive contenta mi fe;
                             mas con todo, si pudiera,
                          os dejara más gustosa.

Ana   Nunca os pediré otra cosa,
                          pues he errado la primera.

Marqués   ¿Qué decís? Perdón os pido,
                          y que os quejéis de esa suerte,
                          si en mí pudiere la muerte
                          lo que vos no habéis podido.

(Vase el Marqués.)

Ana   ¡Terrible rigor!

Encinas	Inés,
	quédate con Dios.
Inés	¿Aquí
	estabas, Encinas?
Encinas	Sí;
	que vine con el Marqués.
Inés	¿Pues qué? ¿Le sirves?
Encinas	Y soy
	quien priva más en su pecho.
Ana	Dime, Encinas, ¿qué se ha hecho
	don Fernando de Godoy?

(Volviéndose hacia la puerta.)

Encinas	¿Que me llama el Marqués? Sí,
	ya voy. ¡Qué presto me echó
	menos! Juráralo yo;
	no vive un punto sin mí.
	Perdonad; hasta otro día.

(Vase Encinas.)

Ana	Buen gusto tiene el Marqués.
Inés	Siempre con señores es
	feliz la bufonería.

(Vanse las dos. Sale don Pedro.)

Pedro	¿Negocio tiene conmigo,
	cuando le da la afición
	de doña Inés de Aragón
	en mí un oculto enemigo?
	Él la sirve y yo en secreto
	la gozo y he de callar,
	no se venga a sospechar
	el delito que cometo.
	¡Gran tormento! Mas él viene.

(Sale el Marqués.)

Marqués	¡Señor don Pedro!
Pedro	En cuidado,
	señor Marqués, un recado
	de parte vuestra me tiene.
Marqués	¿Hay en qué os sirva? Creed
	que pago vuestra amistad,
	y sé con la voluntad
	que en todo me hacéis merced.
	Hoy ha llegado un correo,
	ya lo sabréis, de Granada,
	de la muerte desdichada
	de don Miguel Carabeo,
	nuestro general valiente;
	y al punto, para ocupar
	tan importante lugar
	hallé que era conveniente
	vuestra persona. Mirad
	si os disponéis a acetarlo,
	porque quiero consultarlo
	luego con su majestad.

(Aparte.)   (Con este piadoso medio
quiero dilatar su muerte
porque entre tanto la suerte
le disponga otro remedio.)

Pedro (Aparte.)   (Darme lo que yo no pido,
no teniéndole obligado,
cuando sé que a nadie han dado
cargo que no haya pedido,
   no es por bien. ¿Qué fin tendrá
en ausentarme el Marqués?
Celos no de doña Inés,
que oculto mi amor está.
   Mi poder y su mudanza
teme sin duda; alejarme
quiere del rey, por cortarme
el hilo de mi privanza.)
   Conozco la obligación,
Marqués, en que me ponéis;
mas advertid que daréis
de quejas justa ocasión,
   dándome lo que podrán
pretender mil caballeros
cuyos valientes aceros
terror a los moros dan.
   Yo vivo alegre en mi estado;
ni más grande ni más rico
quiero ser, y así os suplico
me tengáis por excusado.

Marqués (Aparte.)   (¡Triste de vos, que os perdéis!)
Esto al servicio conviene
del rey.

Pedro	Sin número tiene soldados en quien podéis, tan bien como en mí, el bastón emplear.
Marqués	Decid, ¿en quién?
Pedro	En el señor de Bailén.
Marqués	Parte a servir a Aragón.
Pedro	En don Sancho Marmolejo.
Marqués	Lleva a Francia la embajada.
Pedro	En don Francisco de Estrada.
Marqués	Está enfermo y es muy viejo.
Pedro	En don Fernando Manrique.
Marqués	Ocupaciones forzosas son las suyas en las cosas del infante don Enrique. Yo, en fin, lo he mirado bien; no me arguyáis; acetad el cargo y mi voluntad, y advertid que os está bien.
Pedro	Más parece que os conviene a vos, según me apretáis.
Marqués	En eso no os engañáis; que quien es mi amigo tiene,

don Pedro, en mi corazón
tanta parte, que deseo
como propio lo que veo
que ha de aumentar su opinión.

Pedro   Yo agradezco la amistad;
                    pero os advierto, Marqués,
                    que para mí no lo es.

Marqués (Aparte.)   (¡Oh, quién pudiera...!) Mirad
                    que os aconsejo...

Pedro   No habléis
(Aparte.)   misterioso. (En su porfía
                    crece la sospecha mía.)
                    Y para que no os canséis,
                       por último desengaño
                    digo que estoy satisfecho
                    de que trazáis mi provecho;
                    pero yo quiero mi daño.

Marqués (Aparte.)   (Cuanto resiste obstinado,
                    tanto piadoso deseo
                    remediarle, porque veo
                    que yerra de enamorado.)

Pedro   ¿Mandáis otra cosa?

Marqués   En esto
                    pido solo que os miréis,
                    y a Dios.

Pedro (Aparte.)   (Pues vos me queréis
                    quitar del dichoso puesto

en que con el rey estoy,
yo del vuestro os quitaré.)

Marqués (Aparte.)   (De la muerte os libraré,
o no seré yo quien soy.)

Fin de la segunda jornada

Jornada tercera

(Salen don Diego y Encinas, de noche.)

Diego
Solo aquel que tu hidalgo nacimiento,
tu fuerte corazón, tu entendimiento
y honrado proceder como yo sabe,
confiara de ti caso tan grave.

Encinas
Tu confianza a mucho más me obliga.

Diego
¡Permita amor que mi intención consiga!

Encinas
Estará puntual el escudero.
¡Qué gran negociador es el dinero!
Cercáronme al partir de los doblones
como a la flor la banda de abejones.
Con cada escudo que a cualquiera daba,
un ojo a los demás se les saltaba;
mas éste a quien di parte de tu intento
no vi mirón de pintas más atento.
Veré si aguarda.

(Vase Encinas.)

Diego
Ayuda, noche oscura,
a quien vengarse de un desdén procura.
Pues doña Ana al Marqués adora, intento
fingiendo serlo, entrar en su aposento,
donde, lo que no amor, me dé el engaño.
Loco estoy. Remediar quiero mi daño;
y a quien le pareciere exceso grave,
no me condene si de amor no sabe.

(Sale Encinas, que vuelve hablando con un Escudero.)

Encinas   Pues sabéis su poder y su privanza,
             tened de grandes premios confianza;
             mas sabedle obligar.

Escudero   ¡Cómo! La vida
             en servirle daré por bien perdida,
             porque de liberal y agradecido
             tiene el nombre que nadie ha merecido.

Encinas   Llegad.

Escudero   ¿Es el Marqués?

Encinas   Sí.

Escudero   Señor mío,
             ¿qué me queréis mandar?

Diego   De vos me fío;
             y vos fiad de mí.

Escudero   Excusad rodeos,
             y probad en mis obras mis deseos.

Diego   Doña Ana, ¿está acostada?

Escudero   Y recogidos
             todos en casa ya.

Diego   Sin ser sentidos
             los dos hemos de entrar en su aposento.

Escudero	¿Qué pretendéis?

Diego
Sin preguntar mi intento
lo haced, para obligarme de este modo;
que mi poder os sacará de todo.

Encinas
Por él lo hacéis, y él mismo os asegura.
No repliquéis; que os busca la ventura.

Escudero
Yo temo...

(Aparte Encinas y don Diego.)

Encinas
El carro gruñe, importaría
untarlo.

Diego
Hoy repartí cuanto tenía.
¿Tienes dinero tú?

Encinas
No tengas pena;
suplir puede la falta esta cadena,
que me dio un amo a quien serví primero.

(Da la cadena a don Diego, y éste al Escudero.)

Diego
Pagaros parte de mi deuda quiero. Tomad.

Escudero
¿A quién no venceréis? Callando
venid.

Diego (Aparte.)
(Las luces mataré en entrando.)

Encinas
Dios nos saque con bien.

Diego   Si los criados
viéredes por ventura alborotados
y quisieren entrar, vos en mi nombre
los detened y amenazad.

Escudero   No hay hombre
en esta casa que por vos no muera.

Encinas (Aparte.)   (¡Qué engañado se hallara quien lo hiciera!)

(Vanse todos. Salen el Rey y el Marqués.)

Marqués   No puede en esta ocasión
ocupar persona alguna
como don Pedro de Luna
de general el bastón;
       que vistos y examinados
los demás en quien podéis
emplearle, los tenéis
donde importan ocupados;
       y la valerosa espada
de don Pedro solamente
basta a ceñiros la frente
con el laurel de Granada.

Rey   ¿Las órdenes que yo os doy
ejecutáis de esa suerte?

Marqués   Dispuesto a darle la muerte,
como habéis mandado, estoy;
       mas por la nueva ocasión
os le consulto de nuevo.

Rey   Marqués, la piedad apruebo;

condeno la remisión.

Marqués   Vos mandáis que con secreto
le mate, y bien podéis ver
que no es fácil disponer
con brevedad el efeto;
    y así, en mí la dilación
no nace de resistencia,
mas de buscar con prudencia
el tiempo a la ejecución;
    fuera de que, bien mirado,
alguna vez el rigor
de la justicia, señor,
cede a la razón de estado.

Rey   Es así.

Marqués   Pues siendo así,
¿dónde podrá la razón
derogar la ejecución
de la ley mejor que aquí?
    Con justa causa lo infiero,
porque no es más conveniente
castigar un delincuente
que ganar un reino entero.
    Demás de que no os priváis
así de cumplir con todo;
que el castigo de este modo
diferís, no perdonáis;
    y pues que con ausentarle
el delinquir cesará,
allá aprovecha, y acá
no daña el no castigarle.

Rey	Tiene en mí tanto valor ver en vos esa amistad, que se da a vuestra piedad por vencido mi rigor. Vaya don Pedro a Granada, goce el honroso bastón, más por vuestra intercesión que por su valiente espada.
Marqués	Es el más alto favor que de vuestra majestad recibí jamás.
Rey	Alzad, mi mayordomo mayor
Marqués	Hechura soy vuestra.
Rey	Quiero teneros siempre a mi lado; que pues el mundo me ha dado renombre de justiciero, por merecerle mejor, sin que el exceso me dañe, es bien que en todo acompañe vuestra piedad mi rigor.

(Sale don Pedro.)

Pedro (Aparte.)	(En estando solo el rey le daré del caso cuenta; que pues derribarme intenta, la defensa es justa ley.)

Marqués	Don Pedro viene.
Pedro	Los pies me dé vuestra majestad.
Rey	Mi general, levantad.
Pedro (Aparte.)	(¡Qué clara muestra el Marqués su envidiosa emulación!)
Rey	Luego os partid a Granada; que importa allí vuestra espada.
Pedro (Aparte.)	(Tomada resolución, no hay replicar; más cordura es mostrarme agradecido.) De nuevo los pies os pido, donde hallé tanta ventura.
Uno (Dentro.)	¡Detente, mujer! ¡Aguarda!

(Sale doña Ana, con manto.)

Ana	Los oídos y las puertas
	ha de tener siempre abiertas
	un rey que justicia guarda.
	  Rey poderoso y sabio,
	recto, noble, católico y prudente,
	castigo del agravio,
	de la virtud amparador valiente,
	a quien, por ser tan justo y tan severo,
	propios y extraños llaman justiciero.
	  Yo soy, señor invito,
	doña Ana de León, que los blasones

de mi estirpe acredito
con montañesas bandas y leones:
de aquel árbol soy rama; siempre en ellas
fulminaron desdichas las estrellas.
  Don Fernando de Castro,
asombro de las huestes otomanas,
que a piras de alabastro
da presunción con sus cenizas vanas,
me dio el ser y la dicha; que importuna
mira al merecimiento la fortuna.
  Su fin arrebatado
me dejó sola en orfandad funesta
para elegir estado,
no la prudencia, si la edad dispuesta.
Y así mi juventud poco entendida
pasaba en muda confusión la vida,
    cuando no sé qué sino,
qué adversa estrella, qué planeta airado,
para mi mal previno
que el Marqués don Fadrique, ése que al lado
vuestro es Atlante de esta monarquía,
me fuese a visitar a instancia mía.
    Para un intento ajeno
le llamé, bien lo sabe. ¿Quién creyera
que allí el mortal veneno
de mi opinión y honestidad bebiera?
Bien dicen que la suerte está constante
en tablas esculpida de diamante.
    Despidióse, encubriendo
su aleve intento, y ya determinado
para el delito horrendo,
se encomendó a la industria de un criado,
y por su astuta mano, de los míos
con dones conquistó los albedríos.

¿Cómo es posible, cómo
cuando ostentáis la rigurosa espada
desde la punta al pomo
de incesable suplicio ensangrentada,
que incurra en más culpable atrevimiento
quien más de cerca mira el escarmiento?
    Las cumbres ya del polo
pisaba de traición la negra autora,
y yo en mi lecho solo
los rayos aguardaba de la aurora,
bañándome las urnas de Morfeo
en las dulces corrientes del Leteo,
    cuando el Marqués tirano
mis castas puertas abre, poco fuertes
a su pródiga mano,
que esparce dones y amenaza muertes
a la familia vil, mientras al dueño
vuestra justicia aseguraba el sueño.
    Oculto de mi fama
el robador en la tiniebla oscura,
llegó a mi honesta cama.
¡Ojalá fuera triste sepultura,
y publicara la inscripción sangrienta
al mundo antes mi fin que yo mi afrenta!
    De sus brazos apenas
sentí el inusitado atrevimiento,
cuando con voces llenas
de confusión, temor, duda y tormento,
pido favor, pregunto quién me ofende.
Nadie responde, nadie me defiende.
    Solo el Marqués aleve,
en baja voz, que al fin, como traidora,
tímido aliento mueve:
«el Marqués don Fadrique, soy, señora»,

dijo; y porque a defensas me apercibo,
fuerzas aplica a su furor lascivo.
    Yo a su apetito ciego
culpo humilde, resisto valerosa,
enternecida ruego,
amenazo cruel, lloro amorosa;
vuestro rigor le traigo a la memoria,
última apelación de mi vitoria.
    Ni amenazas ni quejas
ni ruegos penetraron solo un grado
por las sordas orejas
al pecho en sus intentos obstinado;
antes daba a su indómita violencia
más insano furor mi resistencia.
    Al fin, su fuerza mucha,
débil mi cuerpo, mi defensa poca,
en la prolija lucha
al pecho aliento y voces a la boca
negaron; lo demás, si es bien contarlo,
la vergüenza lo dice con callarlo.
    Luego el traidor Tarquino
me dejó en cambio la tiniebla oscura;
yo, con el desatino
de tan incomparable desventura,
a tener al ladrón tiendo los brazos,
y a vanas sombras doy vanos abrazos.
    Así quedé llorando
sin mi culpa el ajeno desvarió,
la suerte blasfemando
que a un tirano poder sujetó el mío;
solo ya el pensamiento en mi venganza,
solo en vuestra justicia la esperanza.
    ¡Justicia, rey, justicia!
¡Muestre tanto más vivos sus enojos

cuanto es más la malicia
del que sus aras ofendió a sus ojos,
pues vibra Jove el rayo vengativo
más ardiente al peñasco más altivo!
    Pruebe el desnudo acero
iéste que al cielo se atrevió gigante
y el nombre justiciero
que en el delito despreció arrogante,
ya que no fue bastante a refrenarlo,
baste para vengarme y castigarlo!

Marqués   Por el sagrado laurel
que os ciñe la frente altiva,
así coronada viva
infinitos años dél,
    ique es engaño y falsedad
cuanto ha dicho!

Ana   ¿Podrá ser,
gran señor, que su poder
oscurezca mi verdad?

Rey   No, doña Ana, mi corona
fundo en tener la malicia
refrenada. En mi justicia
no hay excepción de persona
    iAh, de mi guarda!

Marqués   iCreed,
gran señor...!

Rey   iMarqués, callad!
iEn juicio le acusad!
iEn juicio os defended!

(Salen los guardas.)

Guardas   ¿Qué mandáis?

Rey   ¡Vaya el Marqués
preso al cuarto de la torre!

Pedro (Aparte.)   (La Fortuna me socorre;
moved, venganza, los pies.
    La Ocasión tengo en la mano
para acumularle agora
que él por los celos de Flora
hizo matar a su hermano.)

Marqués   ¿Cómo, doña Ana, ha cabido
tan gran traición en tu pecho?

Ana   ¿Cómo a negar lo que has hecho,
tirano, te has atrevido?

Marqués   Ella está loca.

Ana   Él se fía
en su poder.

Marqués   Brevemente
haré mi verdad patente.

Ana   Y yo probaré la mía.

(Vanse todos. Salen don Diego y Encinas, de donado francisco, con anteojos.)

Encinas ¿Voy bueno?

Diego Encinas, advierte
si es tu deuda conocida,
pues cuando puedo mi vida
asegurar con tu muerte,
tanto de tu pecho fío,
que dejo en esta ocasión
en tu lengua mi opinión,
y mi vida en tu albedrío.

Encinas De hidalgos padres nací
en Córdoba, tú lo sabes,
y que de mil casos graves
honrosamente salí.
Fuera de que te asegura
este disfraz y mi ausencia.
Si a tan dura contingencia
viniese mi desventura,
que me prendiesen, de mí
puedes fiar que primero
mi pecho al verdugo fiero
diera mil almas que un sí.

Diego La vida a entrambos nos va.

Encinas ¡Gran yerro, por Dios, hiciste!
¿Cómo, di, no previniste
lo que sucediendo está?

Diego No pensé que resistiera
doña Ana, cuando emprendí
el engaño; antes creí
que alegre tálamo diera

al Marqués. Vime en sus brazos,
toqué marfiles bruñidos,
gusté labios defendidos
y gocé esquivos abrazos.
    Creció el apetito, el fuego,
el furor... Lo mismo hiciera
si la espada al cuello viera,
o el Amor no fuera ciego.

Encinas   Él fue bocado costoso;
mas paciencia, y al reparo;
que Adán lo comió más caro,
y a la fe menos gustoso.

Diego   Tú, mi hermana y yo, no más,
sabemos que me has servido;
con que vivas escondido
estoy seguro y lo estás.

Encinas   Eso importa, y la mancilla
caiga en el pobre Marqués.

Diego   Poderoso, Encinas, es,
y saldrá al fin a la orilla.

Encinas   Y la verdad le valdrá.

Diego   Y a nosotros la prudencia,
la industria y la diligencia.

Encinas   Adiós; que de ésta se va
    fray Bartolo. Hasta la vuelta
me arroja tu bendición.
Mas escucha ese pregón;

que anda la corte revuelta.

Pregonero

«El Rey, nuestro señor, promete dos mil
ducados a quien entregare preso a Juan
de Encinas, natural de Córdoba, y a él
mismo, si se presentare, con perdón de
todos sus delitos; y manda que nadie le
ampare ni encubra, pena de la vida.
Mándese pregonar, porque, etc.»

Encinas

¿Qué dices del pregoncete
y de los dos mil?

Diego

De prisa
debe de andar la pesquisa.
Encinas amigo, vete.

Encinas (Aparte.)

(¡Dos mil ducados y verme
seguro de esta aflicción!
¡Por Dios, que es gran tentación!
Muy cerca está de vencerme.)

Diego

¿Qué es lo que dices?

Encinas

Si puedo
pescar esta cantidad
y vivir con libertad,
¿quién me mete en tener miedo,
    andar retirado y solo,
fugitivo, alborotado,
bandido y sobresaltado,
hecho el hermano Bartolo?
    Señor, perdona. Allá va
tu disfraz y tu dinero.

(Hace que se desnuda.)

Diego   ¿Estás loco? ¡Tente!

Encinas   Quiero,
pues Dios su mano me da,
  verme libre de pobreza
y justicia.

Diego   ¿Ésta es lealtad?
¿Ésta es ley?

Encinas   La caridad,
señor, de sí misma empieza.

Diego   Yo te daré mucho más
de mi hacienda.

Encinas   ¿Y el perdón
de mi culpa?

Diego   ¿Del pregón
te fías?

Encinas   ¡Pues qué! ¿Dirás
que es engaño?

Diego   Sí.

Encinas   En los reyes
la palabra es ley.

Diego   No hay ley,

                    Encinas, que obligue al rey,
                    porque es autor de las leyes.

Encinas   Cuando en público se obliga,
                    empeña su autoridad.
                    Resuelto estoy. ¡Libertad,
                    libertad!

(Hace que se desnuda.)

Diego   ¡Suerte enemiga!
                     ¡Mirad de quién me he fiado!
                     ¡Muera yo, pues indiscreto
                     quise fiar mi secreto!

Encinas   Lindamente la has tragado.

Diego   ¿Qué dices?

Encinas   Tu confianza
                    probé con este picón.

Diego   Muy pesadas burlas son;
                    pero nunca tu mudanza
                        creí del todo.

Encinas   Señor,
                    tienen los pobres criados
                    opinión de interesados,
                    de poco peso y valor.
                        ¡Pese a quien lo piensa!
                    ¿Andamos de cabeza los sirvientes?
                    ¿Tienen almas diferentes
                    en especie nuestros amos?

Muchos criados, ¿no han sido
tan nobles como sus dueños?
El ser grandes o pequeños,
el servir o ser servido,
    en más o menos riqueza
consiste sin duda alguna,
y es distancia de Fortuna,
que no de naturaleza.
    Por esto me cansa el ver
en la comedia afrentados
siempre a los pobres criados...
Siempre huir, siempre temer
    Y por Dios que ha visto Encinas
en más de cuatro ocasiones
muchos criados leones
y muchos amos gallinas.

Diego   Bien dices. Vete con Dios,
y más peligro no esperes.

Encinas   Adiós; que donde murieres
hemos de morir los dos.

(Vase don Diego.)   Hoy han de ser restaurados
en su opinión, por mi fe,
los que sirven; hoy seré
un Pelayo de criados.

(Sale Inés, con manto, y don Fernando.)

Inés   Oye, hermano.

Encinas (Aparte.)   (¡Pese a mí!
Inés y Fernando son.)

Inés	¡Tenga!
Fernando	¡Escuche! ¿Qué pregón es el que se ha dado aquí? Que importa saberlo.
Inés	Él es sordo o tonto.
Encinas (Aparte.)	(¡Que haya sido tan desdichado! Perdido soy si me conoce Inés.)
Fernando (Aparte.)	(El cielo en él retrató a Encinas.)
Encinas (Aparte.)	(Aquesto es hecho.)
Inés (Aparte.)	(Otra vez, según sospecho, esta cara he visto yo.)
Encinas (Aparte.)	(¡Acabóse! El mismo diablo los trajo aquí. De este modo me escaparé; que del todo me han de conocer si hablo.)

(Hácese cruces y vase Encinas.)

Fernando	¡Tenga!
Inés	¡Aguarde!
Fernando	Tentación debes de darle sin duda

pues hace, la lengua muda,
cruces en el corazón.

Inés

¿Yo tentación?

Fernando

Juraría
que era Encinas.

Inés

Yo también.

Fernando

Mas a serlo, yo sé bien
que no se me encubriría.

Inés

Otro nos informará.

Fernando

Prosigue.

Inés

Hanle acumulado
a la fuerza, que ha mandado
matar su hermano, y está
probado que ya escondió
él mismo al fiero homicida;
y aun dicen más, que la vida
al matador le quitó
para encubrirlo.

Fernando

¡Qué engaño!

Inés

Apretado está el Marqués.
Don Pedro de Luna es
quien le ha hecho todo el daño,
por ser su competidor
en privanza.

| Fernando | ¿No fue ya |
| | a Granada? |

| Inés | Ya estará |
| | dando a los moros temor. |

| Fernando | ¡Qué notables extrañezas |
| | me cuentas! |

| Inés | ¿Dónde has estado, |
| | que esto ignoras? |

| Fernando | Retirado |
| | me han tenido mis tristezas. |

Inés	Si las ha causado Flor,
	muda intento por tu vida;
	que el Marqués, aunque la olvida,
	es quien la abrasa de amor.

Fernando	Hasta agora pensé yo
	que era su hermano el amante
	de Flora.

Inés	Causa bastante
	su muerte a ese yerro dio.
	Adiós; que el tiempo no es mío,
	con las desdichas que ves.

| Fernando | Lo que en mí has tenido, Inés, |
| | tendrás siempre. |

| Inés | Así lo fío. |

(Vase Inés.)

Fernando   ¿Qué hemos de hacer, corazón
en un tan confuso estado?
El que la vida me ha dado,
por mi culpa está en prisión.
   A Flora perdí por él;
mas él, ¿en qué me ofendió,
si mi afición ignoró?
Palabra de amigo fiel
   le di y me dio, y ha cumplido
él la suya; pues mi vida
será primero perdida
que yo en amistad vencido.

(Vase don Fernando. Salen el Rey y un Secretario.)

Rey   Esto es justicia.

Secretario   Señor,
¿por indicios solamente
ha de morir un pariente
vuestro de tanto valor?

Rey   No os dé necia confianza
ser sus delitos dudosos;
que contra los poderosos
los indicios son probanza.
   Contra el Marqués, ¿qué testigo
queréis vos que se declare,
sin que el temor le repare
de tan valiente enemigo?
   Fuera de que muchos son
los indicios y vehementes;

y estos dos son accidentes
que hacen plena información.
　　Pruébase que el mismo día
a doña Ana visitó,
que a su gente repartió
dineros cuando salía.
　　La cadena que al criado
a abrir obligó la puerta,
era suya, cosa es cierta.
Tres testigos lo han jurado.
　　Demás de esto, le condena
la pública voz y fama;
tirano el vulgo le llama,
y a voces pide su pena;
　　que por más justo que sea,
siempre aborrece al privado,
y como ocasión ha hallado,
hace ley lo que desea.
　　Juzgad agora si quiero
con razón y causa urgente
castigar un delincuente
y quietar un reino entero.

(Aparte.)　　　　　　　(Para aclarar la verdad
conviene tanto rigor,
y hoy la experiencia mayor
tengo de hacer.) ¡Escuchad!

(Habla al oído al Secretario, y vase éste. Sale don Pedro y soldados, con banderas moriscas, arrastrando a son de cajas.)

Pedro　　　　　　　Vuestra majestad me dé
　　　　　　　　　　sus pies.

Rey　　　　　　　　　　Don Pedro de Luna,

¿qué es esto?

Pedro   Que hoy la fortuna
africana os besa el pie.
    Supo el moro de Granada
la muerte del general
don Miguel; mas por su mal
se le encubrió mi llegada
    al campo, que sin cabeza
juzgó engañado. Embistió
animoso; mas venció
brevemente vuestra alteza.
    Vuestra es Granada y su tierra;
y así yo a serviros vengo
en la paz, porque no tengo
que hacer agora en la guerra.

Rey   Servicio tan excesivo
con exceso me ha obligado,
y así con igual cuidado
a premiaros me apercibo;
    y por justo galardón
de la vitoria que gano
hoy por vos, os doy la mano
de doña Inés de Aragón.

Pedro   Es el premio sin medida.

Rey   Lo que en dote quiero daros
no menos ha de alegraros.

Pedro   Ya lo espero.

Rey   Es vuestra vida.

Pedro	¿Mi vida? ¿Cómo, señor?
Rey	Id al Marqués don Fadrique, y decidle que os explique su piedad y vuestro error.
Pedro	Vos, ¿no podéis declararlo?
Rey	Tanto a castigar me incito, que sé, si nombro el delito, que no podré perdonarlo.
Pedro	El Marqués no lo dirá, si fue entre los dos secreto, sin un firmado decreto.
Rey (Dale una sortija.)	Este sello lo será y hoy conoceréis la fe de quien habéis perseguido.
Pedro (Aparte.)	(El rey sin duda ha sabido que el palacio quebranté.)

(Vanse los dos. Salen don Fernando y doña Flor.)

Fernando	Yo sé, hermosa doña Flor, que al Marqués tu pecho adora. No vengo a quejarme agora de tu mudanza y su amor; que la desesperación ha dado muerte al cuidado.
Flor	Nunca más rayos ha dado

                      de su luz tu discreción.

Fernando   Solo vengo a que me des
                      relajación del secreto
                      que te ofrecí, y te prometo
                      darte libre a tu Marqués.

Flor   Pues cuando puedas librarle
                      de la muerte de su hermano,
                      que le imputan, ¿no está llano
                      que es imposible excusarle
                          la que espera, condenado
                      a ella ya por el exceso
                      de la fuerza?

Fernando   Flor, en eso
                      deja el cargo a mi cuidado.

Flor   Si la libertad así
                      ha de conseguir, supuesto
                      que nunca al favor honesto
                      cuando te quise excedí,
                          y que solo te encargué
                      que el amor nuestro callases
                      porque al Marqués no estorbases
                      que la mano que esperé
                          me diese, y ya lo ha sabido,
                      no hay en ello qué perder;
                      y así, puedes ya romper
                      el secreto prometido.

Fernando   Yo aceto la permisión;
                      que hoy pienso al mundo mostrar
                      de qué modo han de pagar

                    los nobles su obligación.

Flor   Bien ves si cumplo la mía,
                    pues que pudiendo librallo
                    con hablar, padezco y callo.
                    Por la que yo te tenía
                    líbrale, y me pagarás
                    lo que me debes en esto.

Fernando   De agradecido muy presto
                    la prueba mayor verás.

(Vase doña Flor. Sale don Diego.)

Diego (Aparte.)   (¡Encinas preso! Yo soy
                    perdido, confesará,
                    sin duda... Mas aquí está
                    don Fernando de Godoy.)

Fernando   Con diligencia os buscaba,
                    señor don Diego.

Diego   ¿Hay en qué
                    os sirva?

Fernando   Oíd, y os diré
                    la ocasión que me obligaba.
                    Vos no debéis ignorar
                    del Marqués el triste estado.

Diego   No.

Fernando   Pues la vida me ha dado,
                    y la vida le he de dar.

Diego	Es justa correspondencia.
	Pero yo, ¿qué parte soy
	en eso?
Fernando	Informado estoy
	que el revocar la sentencia
	que a muerte le ha condenado
	por la fuerza, está no más
	de en probarse que jamás
	Encinas fue su criado.
	A mí me consta que el día
	que el delito sucedió
	a que Encinas ayudó,
	a vos, don Diego, os servía,
	y me consta que habéis sido
	ciego amante de doña Ana;
	y así es conjetura llana
	que vos lo habéis cometido.
Diego	¡Quien dijere...!
Fernando	¡Detened
	el arrojado furor!
	Y para prueba mayor
	de lo que digo, sabed
	que yo por mis ojos vi
	hablar a vuestro criado
	en hábito disfrazado
	con vos mismo; y aunque allí
	con el disfraz me engañó,
	porque no estaba advertido
	del caso, haberlo sabido
	del engaño me sacó.

Mirad lo que habéis de hacer,
sin fiaros del secreto,
porque el Marqués el efeto
por vos no ha de padecer;
    y más cuando ya ocultar
no es posible vuestro exceso,
pues está ya Encinas preso,
y al fin lo ha de confesar.

Diego (Aparte.)   (¿Qué he de hacer? La culpa es grave,
noble y mujer la ofendida,
justiciero el rey... Perdida
miro esta mísera nave
    entre fieras tempestades
e inevitables bajíos.
¡Oh, terribles desvaríos
de amorosas ceguedades!)

Fernando   Don Diego, ¿qué os detenéis
en discursos sin provecho?
Disponed el noble pecho
que tan sin remedio veis,
    haciendo en esta ocasión
virtud la necesidad,
a una bizarra piedad
que os dé inmortal opinión.

Diego   ¿Cómo?

Fernando   Si os sentís culpado,
pues encubrirlo queréis
en vano, cuando sabéis
que han preso a vuestro criado,
    antes que él venga, haced vos

lo que yo, y en las historias
borraremos las memorias
de ajena fama los dos.

Diego   ¿Que lo que vos haga?

Fernando   Sí.

Diego   Empezadlo a disponer;
                       que vos, ¿qué podéis hacer
                       que no me esté bien a mi?

Fernando   Pues venid conmigo.

Diego   Voy.
(Aparte.)   (La fuerza haré voluntad.)

Fernando   De agradecida amistad
                      claro ejemplo al mundo soy.

(Vanse los dos. Salen el Rey y el Secretario a una ventana o mirador que
da a la prisión.)

Secretario   Don Pedro entró a visitar
                       agora al Marqués, señor.

Rey   De este oculto mirador
                      a los dos quiero escuchar.
                         Vos haced lo que ordené.

Secretario   Voy al punto.

(Vase el Secretario.)

Rey   La experiencia
                    de la culpa o la inocencia
                    del Marqués con esto haré.

(Salen el Marqués y don Pedro. El Rey, oculto en el mirador.)

Marqués   Pues el sello me enseñáis
                    de su alteza, su decreto
                    obedezco, y el secreto
                    os diré que preguntáis.
                        Supo el rey que desleal,
                    don Pedro, en la noche oscura
                    quebrantaste la clausura
                    de su palacio real;
                        y por causas que advirtió...
(Aparte.)   (Éstas no pienso decirle;
                    que no es justo descubrirle,
                    que su majestad temió)
                        determinó su rigor
                    daros la muerte en secreto;
                    y así, cometió el efeto
                    de su intento a mi valor.
                        Mas yo, vuestro firme amigo,
                    piadoso empecé a trazar
                    medios para dilatar,
                    hasta evitar el castigo.
                        Dios, que ayuda liberal
                    la bien fundada intención,
                    quiso entonces que el bastón
                    vacase de general,
                        porque mi amistad fiel,
                    venciendo la voluntad
                    vuestra y de su majestad,
                    os diese la vida en él.

Pedro   ¡Basta! ¡No queráis que el pecho
                 me rompa el dolor extraño
                 antes que remedie el daño
                 que sin razón os he hecho!
                   ¡Marqués, quitadme la vida,
                 que engañada os ha ofendido,
                 y como víbora ha sido
                 de quien se la da, homicida!
                   ¡Perdonadme, ejemplo raro
                 de valor y de piedad,
                 símbolo de la amistad,
                 de nobleza espejo claro!
                   Gloria del nombre español,
                 perdonadme, que pensando
                 que vuestro pecho, envidiando
                 verme tan cerca del Sol
                   gozar de los rayos bellos
                 de su favor y privanza,
                 maquinaba mi mudanza
                 cuando me apartaba de ellos,
                   os he perseguido. ¡Tal
                 es de la envidia el rigor,
                 que de ella aun solo el temor
                 es bastante a tanto mal!

(Salen don Fernando, don Diego y doña Flor, con manto.)

Fernando   Esperad; que hablando están
                 él y don Pedro de Luna.

(Quédanse a la puerta.)

Pedro   Mas ni tiempo ni Fortuna,

de vos, Marqués, triunfarán,
si yo puedo. Condenado
estáis a muerte, severo
rigor del rey justiciero;
vos la vida me habéis dado;
a vos os debo el bastón
y la alcanzada vitoria,
y por vos llego a la gloria
de doña Inés de Aragón.
La vida y la libertad
he de daros.

Marqués   Para hacello,
¿que imagináis?

Pedro   Pues el sello
tengo de su majestad,
sacaros de la prisión
quiero con él, y quedar
yo en ella para mostrar
que es amistad, no traición,
por quien cometer ordeno
tal error contra su Alteza.

Rey (Aparte.)   (Agradezco la fineza,
si la deslealtad condeno.)

Pedro   ¿Qué decís?

Marqués   Que ése ha de ser
mayor daño de los dos;
que si quedáis preso vos,
yo, don Pedro, ¿qué he de hacer
sino a la misma prisión

volverme para libraros?
Pues de otra suerte pagaros
no podré esta obligación.
    Demás que estoy confiado
de que al fin ha de librarme
mi inocencia, y ausentarme
es confesarme culpado.

Pedro   No es, sino el golpe evitar
que tan cerca os amenaza.

Marqués   Pues decidme vos, ¿qué traza
del rey me puede librar?
    ¿No ha de volver a prenderme,
y de esta culpa tendréis
la pena, sin que logréis
el fin de favorecerme?

Pedro   ¿Pues no hay, Marqués don Fadrique,
otros reinos? Y está claro
que alegre os dará su amparo
el infante don Enrique.

Marqués   Don Pedro, no quiera el cielo
cuando está toda la tierra
ardiendo en continua guerra,
que vaya yo a dar recelo
    y duda de mi lealtad,
por huir cierto castigo,
buscando en reino enemigo
de mi rey la libertad.
    ¡No! Muy mal lo habéis mirado;
que menor inconveniente
será morir inocente

que vivir mal opinado.

Rey (Aparte.)   (¡Gran valor!)

Pedro   ¿Qué haréis, supuesto
que hoy, si el mal no se remedia,
vuestra mísera tragedia
verá el teatro funesto?

Marqués   ¿Qué? Morir, si castigar
sufre el cielo la inocencia.

(Salen el Secretario y doña Ana, con manto.)

Secretario   Mostrad, Marqués, la paciencia
que el valor suele adornar;
    que al punto manda su alteza
que pues vuestra culpa es llana,
le deis la mano a doña Ana,
y al verdugo la cabeza.

Rey (Aparte.)   (Si resiste al casamiento
a vista ya de la muerte,
de su inocencia me advierte.)

Marqués   Morir sin casarme intento.
    Llegue el verdugo inhumano
a ser mi fiero homicida;
que al cielo debo la vida,
mas no a doña Ana la mano.

Ana   ¡Hay tal maldad!

Secretario   Del suplicio

ya los ministros aguardan.

Marqués   Pues, Secretario, ¿qué tardan?
               Vamos; haced vuestro oficio.

(Adelántanse don Pedro y don Fernando.)

Pedro   ¡Aguardad!

Fernando   ¡No quiera Dios
               que padezca un inocente!

Diego   Muera solo el delincuente.

Secretario   Pues, ¿quién lo ha sido?

Fernando y Diego   Los dos.

Diego   ¡Yo ciego, loco, abrasado,
               fui, doña Ana, el robador
               oculto de vuestro honor!
               Encinas fue mi criado,
                    no del Marqués; bien lo sabe
               don Fernando de Godoy
               y Flora.

Fernando   Testigo soy.

Flor   Yo también.

Fernando   Y porque acabe
               esta ciega confusión,
               yo a Encinas di la cadena,
               por quien al Marqués condena

la vehemente presunción;
  que el Marqués me la dio
a mí la noche que yo a su hermano
maté; que fue tan humano
cuanto yo inhumano fui;
  pues no solo perdonó
la ofensa, pero piadoso,
magnánimo y generoso,
del peligro me sacó;
  y tal su valor ha sido,
que el cuchillo ya presente,
antes morir inocente
que condenarme ha querido.
  Tanto le debo, y así
me acuso yo por pagarle
muriendo por él, y darle
la vida que él me dio a mí.
  Yo maté a su hermano, yo,
y la malicia ha mentido
cuando informar ha querido
de que el Marqués lo ordenó.
  Yo le maté, culpa es mía,
porque me quiso agraviar
echándome del lugar
que en la ventana tenía
  de doña Flor, a quien sigo
tres años ha firmemente,
si mal pagado. Presente
está solo a ser testigo.
  Decidlo, Flor.

Flor   Ésta es
la verdad.

Fernando	Pues confesamos los dos culpados muramos, y no sin culpa el Marqués.
Secretario (Aparte.)	(¡Gran valor!)
Rey (Aparte.)	(¡Notable hazaña!)
Pedro	Libre estáis, Marqués.

Marqués	No estoy.
	Agora, don Pedro, soy
	con fineza tan extraña
	   más preso; que antes lo era
	del cuerpo, y del alma ya,
	que es noble y antes dará
	mil vidas que consintiera
	   que den la muerte a los dos
	que por mí la vida ofrecen.

Pedro	Ellos con razón padecen, y estáis inocente vos.
Marqués	Yo, don Pedro, solo veo que por mí se han ofrecido. Esta deuda he conocido, y ésta pagarles deseo.
Fernando	Los dos somos los culpados.
Diego	El que delinquió padezca.
Rey (Aparte.)	(De mi justicia amanezca el Sol entre estos nublados.)

(Vase del mirador el Rey.)

Flor   ¡Qué pena!

Ana   ¡Qué confusión!

Fernando   Señor secretario, dad
noticia a su majestad
de esta nueva dilación,
   y él en todo ordenará
lo que importe.

Marqués   ¡Deteneos!

Secretario   Señor Marqués, resolveos;
que se pasa el plazo ya
   que para la ejecución
señaló su majestad.

Pedro   Yo voy a hablarle.

(Sale el Rey.)

Rey   Aguardad.

Secretario   ¡El rey!

Pedro   Haced relación,
Secretario, de este caso.

Rey   A todo he estado presente.

Pedro   Sol de España, cuyo oriente

no teme el oscuro ocaso,
  vuestra grandeza mostrad.
en el público teatro
dad la muerte a todos cuatro,
o a todos los perdonad.

Voces (Dentro.)   ¡Entrad!

Rey   ¿Qué es esto?

(Salen dos guardas, con Encinas, en hábito de donado.)

Un Guarda   Éste es
                    Juan de Encinas, el criado
                    que prender habéis mandado
                    por el caso del Marqués.
                        Está loco o finge estallo;
                    que desde que le prendimos
                    Solo a cuanto le decimos
                    nos da por respuesta: «Callo».

Diego   Yo estoy de tu lealtad,
                    Encinas, bien satisfecho;
                    mas ya niegas sin provecho.
                    Decir puedes la verdad,
                        supuesto que ya mi error
                    he confesado.

Encinas   Con eso
                    yo también, señor confieso
                    que es don Diego quien su honor
                        le robó a doña Ana, y yo
                    quien fingiendo ser criado
                    del Marqués, por su mandado

                    los de su casa engañó.

Fernando   Di lo que sabes de Flor y de mí.

Encinas   Su amante has sido
                     tres años, y no ha tenido
                     más que esperanzas tu amor.

Pedro   Así está ya la verdad
                     bien clara. Señor, pues ves
                     las disculpas de los tres,
                     muestra en ellos tu piedad.

Flor   Perdona, amiga, a mi hermano;
                     queda con honra y casada,
                     y no sin ella y vengada.

Ana   Señor, dándome la mano
                        don Diego, le doy perdón.

Marqués   Yo de la muerte le doy
                     a don Fernando, pues soy
                     parte formal de esta acción.

Rey   ¡Caballeros valerosos,
                     de España gloria y honor,
                     en cuyos heroicos pechos
                     cuatro espejos mira el Sol!
                     De justiciero me precio;
                     no he de serlo menos hoy,
                     Justicia tengo de hacer,
                     y premiar vuestro valor.
                     Al que es único en un arte
                     útil a las gentes, dio

                                              123

la ley de cualquier delito
por una vez remisión;
que el derecho prevenido
más conveniente juzgó
conservar el bien de muchos
que castigar un error.
De vosotros, pues, cualquiera
es tan único en valor,
que niega a los mismos ojos
crédito la admiración.
Pues, ¿cuál arte puede dar
a un reino fruto mayor
que el valor, pues por los cuatro
miro ya en mi sujeción
las cuatro partes del mundo?
Luego bien pruebo que os doy
la libertad por derecho,
y por justicia el perdón.

Marqués   ¡Dilate el cielo tu imperio!

Fernando   ¡Des a la envidia temor!

Pedro   ¡Celebre el tiempo tu nombre!

Diego   ¡Y la fama tu opinión!

Rey   Dad, pues, la mano de esposo,
don Diego a doña Ana;
y vos escoged esposo, Flora;
que la perdida opinión
es justicia restauraros.

Flor   El Marqués la causa dio

124

a que en mi fama tocase
el vulgo murmurador;
que a quien con poder pretende,
le juzga en la posesión;
y así él es solo quien puede
y debe ilustrar mi honor.

Marqués   Por pagar así a don Diego,
vuestro hermano, que ofreció
su vida por darme vida,
sin eso os la diera, Flor.

Encinas   ¿Y a mi me alcanza la ley
de lo del arte y valor?

Rey   Por ser único en lealtad
perdón merece tu error.

Encinas   Y pues solo por serviros
se ha desvelado el autor,
siendo nobles, por justicia
¿os puede pedir perdón?

Fin de la comedia

Libros a la carta

A la carta es un servicio especializado para

empresas,

librerías,

bibliotecas,

editoriales

y centros de enseñanza;

y permite confeccionar libros que, por su formato y concepción, sirven a los propósitos más específicos de estas instituciones.

Las empresas nos encargan ediciones personalizadas para marketing editorial o para regalos institucionales. Y los interesados solicitan, a título personal, ediciones antiguas, o no disponibles en el mercado; y las acompañan con notas y comentarios críticos.

Las ediciones tienen como apoyo un libro de estilo con todo tipo de referencias sobre los criterios de tratamiento tipográfico aplicados a nuestros libros que puede ser consultado en Linkgua-ediciones.com.

Linkgua edita por encargo diferentes versiones de una misma obra con distintos tratamientos ortotipográficos (actualizaciones de carácter divulgativo de un clásico, o versiones estrictamente fieles a la edición original de referencia).

Este servicio de ediciones a la carta le permitirá, si usted se dedica a la enseñanza, tener una forma de hacer pública su interpretación de un texto y, sobre una versión digitalizada «base», usted podrá introducir interpretaciones del texto fuente. Es un tópico que los profesores denuncien en clase los desmanes de una edición, o vayan comentando errores de interpretación de un texto y esta es una solución útil a esa necesidad del mundo académico.

Asimismo publicamos de manera sistemática, en un mismo catálogo, tesis doctorales y actas de congresos académicos, que son distribuidas a través de nuestra Web.

El servicio de «libros a la carta» funciona de dos formas.

1. Tenemos un fondo de libros digitalizados que usted puede personalizar en tiradas de al menos cinco ejemplares. Estas personalizaciones pueden ser de todo tipo: añadir notas de clase para uso de un grupo de estu-

diantes, introducir logos corporativos para uso con fines de marketing empresarial, etc. etc.

2. Buscamos libros descatalogados de otras editoriales y los reeditamos en tiradas cortas a petición de un cliente.

www.ingramcontent.com/pod-product-compliance
Lightning Source LLC
LaVergne TN
LVHW041258080426
835510LV00009B/786